진보는 어떻게 몰락하는가

저들은 대체
왜 저러는가?
진중권

진보는
어떻게
몰락하는가

자신들이 정의라는 독선!
공정을 무시하는 반칙과 특권!
자기들도 믿지 않는 평등의 위선!

천년의상상

아니라고 말할 사람

조국 사태로 진보는 파국을 맞았다. 믿었던 정의당마저 그의 임명에 동의했을 때, 내가 할 수 있는 일이라곤 조용히 탈당계를 내는 것뿐이었다. 그로부터 한 달 후 JTBC 기자로부터 전화가 걸려왔다. 처음에는 확인을 거부했지만, 그의 설득에 결국 마음을 바꾸었다. 탈당이라는 정치적 행동을 해놓고 그 사실을 감추는 것도 비겁한 일이라는 생각이 들었기 때문이다. 가을바람이 불 무렵 나의 탈당 사실이 밖으로 알려졌다.

그때만 해도 싸울 생각은 없었다. 이미 황우석·심형래·조영남 사건을 거치면서 대중에 맞서 싸우는 일에 신물이 난 상태. 팔로

워 86만에 달했던 트위터 계정마저 닫고 3년 동안 조용히 지내던 차였다. 게다가 이번엔 대중의 뒤에 권력이 있기에 아예 싸울 엄두조차 나지 않았다. 그즈음에 낸 책의 서문에 이렇게 쓴 것으로 기억한다. "불의를 정의라 강변하는 저 거대한 맹목적 힘 앞에서 완벽한 무력감을 느낀다."

하지만 어느 순간 그 광기를 더는 참을 수가 없었다. 싸움을 시작하려고 마음먹고 주변부터 정리하기 시작했다. 몇 달 동안 가방 속을 구르다가 찢어진 사직서를 테이프로 붙여 팩스로 보내고, 정의당에도 아직 처리되지 않은 탈당계를 수리해달라고 요청했다. 사직과 탈당을 마치고 10년간 놀렸던 페이스북 계정을 되살려 글질을 시작했다. 반응은 뜨거웠고, 여기저기서 기고 요청이 들어왔다. 그중 중도적인 《한국일보》를 골랐다.

거기에 쓴 글들을 여기에 묶었다. 연재를 시작할 때만 해도 분위기는 무서웠다. 오랜만에 지인을 만나면 속으로 긴장부터 해야 했다. 말을 잘못했다가 무슨 봉변을 당할지 모르기 때문이다. 남의 페이스북 글에 '좋아요'를 누르면서도 눈치를 봐야 했던 시절 우연히 생각이 같은 이를 발견하면 마치 우글거리는 좀비들 틈에서 사람을 만난 것처럼 반가웠다. 무섭고 외로웠던 시절을 그들 덕에 견딜 수 있었다.

최근 세상이 많이 낯설어졌다. 얼마 전 한 가수가 고대 철학자를 불러내 물었다. "세상이 왜 이래?" 그만의 느낌은 아닐 게다. 이

책의 글들도 실은 바로 그 물음에서 출발했다. 세상이 왜 이렇게 변했는가. 사회는 왜 아직 이 모양인가. 정권의 지지자들은 왜 저렇게 극성스러운가. 민주당은 어쩌다 저 꼴이 됐는가. 대통령은 대체 뭐 하고 있는가. 그리고 그 많던 지식인들은 다 어디로 갔는가.

랭보는 시인을 '보는 자(le voyant)'로 규정한 바 있다. 논객도 다르지 않다. 그의 사명도 세계를 바라보는 시각을 조직하는 데에 있다. 논객은 나팔수가 아니라 보는 자가 되어야 한다. 심오한 형이상학적 진실은 아니더라도 일상에서 벌어지는 현상의 본질을 꿰뚫는 눈을 가져야 한다. 정론(政論)의 임무는 '보는 자'의 눈으로 본 것을 문학적 언어로 분절해 대중의 입에 오르내리게 하는 데에 있다.

여당 지지자들은 나를 '극우 논객'이라 부르나, 예이츠 시 속의 아일랜드 비행사처럼 "나는 내가 맞서 싸우는 그 사람들을 증오하지 않고, 내가 위해서 싸우는 그 사람들을 사랑하지도 않는다". 한쪽의 비난이 나를 슬프게 하지도, 다른 쪽의 환호가 나를 기쁘게 하지도 않는다. 그저 "그 모두 진정이라 우겨" 말할 때 "홀로 일어나 '아니'라고 말할" 사람이 하나쯤은 있어야 한다는 믿음으로 버티고 있을 뿐이다.

2020년 가을
진중권

1

진리 이후의 시대

2

팬덤의 정치

3

광신, 공포, 혐오

4

민주당의 연성독재

대통령이란 무엇인가

진보의 몰락

제1부

진리 이후의 시대

01   대안적 사실

실재보다 강렬한 허구

2017년 1월 미국 백악관의 숀 스파이서 대변인은 언론 브리핑에서 "매체들이 트럼프 대통령의 취임식 참석 인원을 의도적으로 축소했다"며 불만을 토로했다. 행사 당일 근처 지하철역의 승하차 인원이 42만 명으로, 오바마 취임식 때의 31만 7,000명보다 훨씬 많았다는 것이다. 물론 그가 인용한 42만이라는 수치는 아무런 근거도 없이 멋대로 꾸며낸 것이었다. 현장을 찍은 항공사진도 트럼프 취임식 때의 참석자 수가 오바마 취임식 때에 비해 턱없이 적었음을 보여준다.

2009

2017

2009년 버락 오바마 전 대통령 취임식(왼쪽)과 2017년 도널드 트럼프 대통령 취임식 현장을 찍은 항공사진. 트럼프 취임식 때의 참석자 수가 오바마 취임식 때에 비해 훨씬 적었음을 보여준다.

이른바 ‘대안적 사실’

그 유명한 사건은 다음 날 열린 ‘기자와의 만남’에서 일어 났다. 한 저널리스트가 이를 지적하며 “대변인이 왜 거짓말을 하냐?”고 추궁하자, 캘리언 콘웨이 백악관 고문은 이렇게 대꾸 했다. “우리 대변인은 거짓말을 한 것이 아닙니다. 대안적 사실 (alternative facts)을 말한 것뿐입니다.” 그러자 저널리스트가 곧 바로 반박했다. “이보세요, 대안적 사실은 사실이 아니에요. 그냥 거짓일 뿐이지요.”

‘대안적 사실’이라는 표현은 이렇게 탄생했다. 하지만 이 말 을 그저 변명의 수사학으로 치부해서는 안 된다. 그 안에는 디지 털 시대에 등장한 어떤 중요한 경향이 담겨 있기 때문이다. 실제 로 우리가 사는 디지털 시대에는 거짓도 ‘대안적’ 의미에서 사실 이 되곤 한다. 가령 가상현실(VR)이나 증강현실(AR) 체험을 할 때 우리는 (일시적으로나마) 허구를 대안적 사실로, 즉 또 하나의 현실로 받아들인다.

닌텐도 Wii로 테니스를 친다고 하자. 이때 플레이어는 화면 위의 가상을 현실로 여겨 마치 진짜 테니스 코트 위에 있는 것처 럼(as if) 온몸으로 라켓을 휘둘러야 한다. 물론 그런다고 가짜가 진짜가 되지는 않는다. 아무리 게임에 몰입해도 플레이어는 그것 이 현실이 아닌 대안적 현실임을 의식하기 때문이다. 그런데 만약 그 대안이 너무 강렬해 플레이어가 그것을 현실로 착각할 정도라면 어떻게 될까?

실제로 그런 일이 있었다. 내가 근무하던 대학에서 교수가 자기 딸의 대학 입시를 위해 총장의 표창장을 위조했다. 그녀가 위조한 것은 표창장만이 아니었다. 딸과 아들의 상장과 수료증 일체를 위조하거나 허위로 발급했다. 이번 일이 터지기 전, 이미 학교에는 그에 관한 소문이 나돌았다고 한다. 이것이 동양대 '안'에서 실제로 일어난 일, 즉 사실(fact)이다.

하지만 학교 바깥에는 이와는 전혀 다른 사실이 존재하고 있었다. 거기에 따르면 표창장은 진짜이고, 총장이 거짓말을 했으며, 그 배후에는 자유한국당과 검찰권력이 있다. 이들 적폐세력이 개혁을 좌절시키기 위해 법무장관을 공격했으며, 정경심 교수는 그 더러운 음모의 순결한 희생양이 되었다는 것이다. 이것이 학교 '밖'을 지배하는 또 다른 사실, 즉 '대안적 사실'이다.

문제는, 존재하는 '사실'보다 허구에 불과한 이 '대안적 사실'의 효과가 더 강렬했다는 것이다. 얼마나 강렬했던지 그것이 허구임을 밖으로 알리기 위해 내가 학교를 그만둬야 할 정도였다. 당시 MBC 〈피디수첩〉, TBS 〈뉴스공장〉, '유시민의 알릴레오', '오마이뉴스' 등 친여 매체와 친문 유튜브 채널들이 이 '대안적 사실'의 제작과 유포에 조직적으로 가담했다.

기꺼이 속고 싶은 대중의 욕망

왜 그랬을까. 그들 모두 정경심 교수의 거짓말에 속은 것일까. 아니다. 그들도 그의 말이 거짓이라는 것을 모르지 않는다. 이는 그들이 보도에서 뭘 드러내고 뭘 감추려 했는지 보면 금방 알 수 있다. 예를 들어 정 교수의 PB 김경록 씨의 녹취록을 공개할 때 유시민 씨는 그가 "내가 봐도 증거인멸이 맞죠"라고 말한 부분은 의도적으로 뺐다. 감추어야 할 사실이 있음을 알고 있었다는 이야기다.

동양대 표창장도 마찬가지다. 유시민 씨는 이미 그게 위조라는 것을 알고 있었다. 내가 알렸기 때문이다. 흥미로운 것은 그때 그가 취한 태도. 문제의 표창장이 가짜라 하더라도 큰 문제가 아니라는 것이다. '대안적 사실'을 제작하여 현실에 등록하면 그것이 곧 새로운 사실이 된다는 투였다. 그는 그 일을 해낼 수 있을 것이라 자신하며 '아무 걱정 말라'고 불안해하는 나를 안심시키기까지 했다.

사실을 뜻하는 팩트(fact)의 어원은 라틴어 팍툼(factum)이다. 팍툼은 '만들어진'이라는 뜻이다. 결국 사실은 '만들어지는 것'이라는 이야기가 된다. 유시민 씨가 가진 '사실'의 개념은 이 어원에 가깝다. 다시 말해 내게 사실이란 '이미 일어난 일로서 변경할 수 없는 것'이지만, 유시민 씨에게 사실이란 '얼마든지 제작할 수 있고 언제라도 변경할 수 있는 것'이었던 셈이다.

유시민 씨와 친여 매체들은 과연 대안적 사실을 '사실'로서 제시하는 데 성공했다. 그럼 이들이 독자나 청취자를 기만한 것인가? 상황은 그리 간단하지가 않다. 물론 독자나 청취자 대다수는 그들에게 속아 여전히 표창장이 진짜라 믿는다. 하지만 그들 중 적지 않은 수는 이미 표창장이 위조라는 것을 안다. 다만 자신들이 이 대안적 사실을 현실에 등록하는 투쟁을 하는 중이라 믿고 있을 뿐이다.

이것을 그들은 사실을 날조하는 '기만'이 아니라 새로운 현실을 창조하는 '실천'으로 이해한다. 그들에게 '표창장이 위조'라 말하는 이들은 현실을 바꾸는 데 도움이 안 되는, 아니 대안의 실현을 외려 방해만 하는 '입진보'일 뿐이다. '표창장이 위조'라 말하는 것은 너 하나의 잘난 척일 뿐 그것으로 현실이 달라지지는 않는다. '우리는 표창장이 진짜인 대안적 사실을 실현하는 실천가다.' 이것이 그들의 생각이다.

대중의 상당수는 이렇게 유시민, 김어준 같은 선동가의 말이 거짓이라는 것을 알면서도 기꺼이 거기에 속아주고 있다. 하긴, 자기부터 솔선해서 속아줘야 제 주변의 대중도 따라서 속을 것이 아닌가. 그렇게 하여 모든 사람이 그 선동가들의 말에 속거나, 아니면 최소한 속은 척을 해줄 때 그들이 제작한 대안적 사실, 즉 '표창장이 진본'인 가능세계는 정말로 현실이 되는 것이다.

기술적 상상력은 미래를 향해야

그러고 보니 이 장면, 어디서 본 듯하지 않은가. 황우석 사태 때 대중들이 오스트리아의 건축가 훈데르트바서의 말을 인용하는 것을 보고 경악을 한 적이 있다. "나 혼자 꿈을 꾸면 그저 꿈일 뿐이다. 하지만 우리 모두가 함께 꿈을 꾸면 그것은 새로운 현실이 된다." 설사 줄기세포가 없을지라도 모두가 함께 꿈을 꾸면 없는 줄기세포도 존재하는 대안적 세계가 탄생한다는 것이다.

이 인용문은 원래 창조적이고 생산적인 맥락에 사용됐어야 했다. 예를 들어보자. 주사위를 던지면 여섯 개의 눈 중 하나가 실현된다. 우리는 그것을 '현실'이라 부른다. 하지만 주사위에는 비록 이번엔 실현되지 않았지만 아직 실현될 수 있는 다섯 개의 가능성이 더 들어 있다. 그 잠재성의 지대를 '버추얼(virtual)'이라 한다. 가상(virtuality)이 그저 가짜에 불과한 것은 아니다.

우리 눈앞에 펼쳐진 디지털의 현실도 한때는 한갓 잠재성, 즉 스티브 잡스 같은 IT그루들의 상상으로 존재했다. 그 가상이 어느새 현실이 된 것이다. 이렇게 오지 않은 미래의 비전을 기술로 실현하는 능력을 '기술적 상상력(techno-imagination)'이라 부른다. 디지털 시대의 대중은 이 기술적 상상의 뜨거운 욕망을 갖고 있다. 그런데 그 욕망을 선동가들이 반동적 목적에 오용하고 있는 것이다.

기술적 상상력은 '아직 오지 않은 미래'를 향해야 한다. 그리하여 언젠가 다가올 미래에서 바람직한 사회의 비전을 가져와 지금 여기에 실현하는 데 사용해야 한다. 그러나 선동가들은 대중이 가진 이 기술적 상상의 욕망을 흘러간 과거로 데려가, 이미 벌어져서 되돌릴 수 없는 과거의 잘못을 부정하고 은폐하고 변명하는 가망 없는 노력에 낭비하게 만든다.

꿈을 현실로 바꿔놓고 싶어하는 대중의 욕망은 이 땅을 더 정의롭고 더 자유롭고 더 평화로운 곳으로 만드는 데에 사용되어야 한다. 하지만 우리의 선동가들은 대중이 가진 이 기술적 상상의 욕망을 고작 반동적인 목적에 사용하고 있다. 그것으로 그들은 정의의 기준을 무너뜨리고, 의견이 다른 이들의 입을 틀어막고, 사회를 편으로 갈라 아마겟돈의 결전을 벌인다.

그들의 준동이 얼마나 극심했는지 아직도 이 사회에서는 선동가들이 제작한 '대안적 사실'이 여전히 현실의 행세를 하고 있다. 대중은 그들이 지어낸 허구를 자신의 세계로 알고 살아간다. 어렴풋 그것이 허구임을 깨달은 이들도, 아직 그 꿈에서 굳이 깨어나고 싶어하지 않는다. 눈을 떠봤자 그들을 기다리는 것은 비루한 현실뿐이라는 것을 잘 알기 때문이다.

지루한 현실과 재밌는 허구

"오랜 '레거시 미디어(Legacy Media)'의 유산이라 할 수 있는 저는 카메라 앞에서 물러날 때가 되었습니다." JTBC 손석희 사장이 〈뉴스룸〉의 앵커직을 떠나며 남긴 말이다. 무슨 이야기일까. 알 수 없다. 그 뜻을 가늠하기는 어렵지만, 내 귀에 이 말은 마치 한 시대의 종언을 알리는 우울한 조사(弔辭)처럼 들렸다. 아나운서 손석희를 한국 언론의 '전설'로 만들어주었던 저 위대한 저널리즘의 시대. 그 시대는 이제 영영 흘러가버린 것일까.

2020년 1월 3일 JTBC 간판 프로그램이었던 〈뉴스룸〉 앵커직에서 물러난 손석희 JTBC 대표이사 사장. 그는 스스로를 '레거시 미디어의 유산'이라 칭하며 퇴장을 알렸다(위쪽). 2012년 총선 유세 기간 서울광장에서 열린 팬미팅에서 지지자들에게 손을 들어 화답하고 있는 인터넷 팟캐스트 '나꼼수' 멤버들. 왼쪽부터 주진우 전《시사인》기자, 김용민 씨, 김어준 씨. 당시 수감 중이었던 정봉주 전 의원은 피켓으로 등장했다.

신뢰도에서 선호도로

KBS에서는 분기마다 '미디어 신뢰도 조사'라는 것을 한다. 그런데 지난해인 2019년 4분기 조사 결과에서 눈에 띄는 것이 있었다. JTBC의 추락과 MBC의 상승이다. 2019년 후반 JTBC는 신뢰도가 급락(20.6%→11.7%)한 반면 MBC는 신뢰도가 대폭 상승(5.1%→12.7%)했단다. 무슨 일이 벌어진 걸까. 요인은 하나, 조국 사태밖에 없다. 서초동 집회 현장에서 군중들이 JTBC 기자에게 몰려가 "물러가라"라고 외치던 장면, 그 충격적인 장면은 이 상황을 시각적으로 상징한다.

돌아보건대 조국 사태 국면에서 JTBC는 저널리즘 원칙에 충실하게 '사실'을 보도했다. 그런데 결과는 신뢰도 급락으로 나타났다. 반면 MBC는 노골적으로 당파적 입장에 서서 피의자에 유리한 '대안적 사실(허구)'을 창작했다. 특히 '피디수첩'은 그 목적을 위해 야바위에 가까운 날조도 서슴지 않았다. 그런데도 MBC의 신뢰도는 같은 시기에 급격히 상승했다. 이는 대중의 상당수는 사실보다 허구를, 즉 날조된 대안적 사실을 더 신뢰한다는 것을 보여준다.

사실 새로울 것 없는 현상이다. 과거에 '나꼼수'도 최고의 신뢰도를 자랑하지 않았던가. 사실 팟캐스트는 그 본성상 그리 신뢰할 만한 매체가 못 된다. 고로 여기서 말하는 '신뢰도'란 보도의 객관성, 공정성 따위와는 별로 관계가 없다고 봐야 한다. 즉, 그 매체의 보도 내용이 설사 허위·왜곡·날조로 밝혀진다 해도 그놈의 신뢰도는 절대 떨어지지 않을 거라는 이야기다. 그런 의미에서 그것은 '신뢰도'라기보다 차라리 '선호도'에 가깝다.

뉴스의 비판적 수용자는 사라졌다. 오늘날 대중은 자신을 콘텐츠의 소비자로 이해한다. 그들이 매체에 요구하는 것은 사실의 전달이 아니라 니즈의 충족. 그 니즈란 물론 듣기 싫은 '사실'이 아니라 듣고 싶은 '허구'다. 그 수요에 맞추어 매체들은 대중에게 듣기 좋은 허구, 흥미로운 대안적 사실을 창작해 공급하게 된다. 이번 조사에서 신뢰도가 오른 매체들은 대체로 그랬다. MBC의 상승폭이 컸던 것은 날조의 정도가 그만큼 심했다는 뜻이리라.

비루한 현실에서 신나는 환상으로

"현대의 대중은 사실을 원하지 않는다. 그들은 비루한 일상에 충분히 지쳐 있다. 그들에게 제공해야 할 것은 멋진 환상이다." 괴벨스의 말이다. 그의 이상이 한국에서 실현될 모양이다. 실제로 디지털 시대의 대중은 진위(眞僞)가 아니라 호오(好惡)의 기준으로 세상을 본다. 그들은 '지루한 사실'보다는 '신나는 거짓'을 선호한다. 이 변화한 취향에 맞추어 매체들 역시 '사실'에 부합하는 보도 대신 대중의 '욕망'에 부응하는 보도를 하려 애쓰게 된다.

호오의 감정이 이성적 판단을 대체할 때 대중의 정신은 유아의 단계로 퇴행한다. 세상을 쾌, 불쾌로 판단하는 어린이처럼 우리의 '어른이들' 역시 세상을 '호오'의 감정으로 판단한다. 우리 편 좋아, 너희 편 싫어. 진위와 선악을 가리는 이성적 과제는 간단히 소속할 진영을 고르는 본능적 행동으로 치환된다. 우리의 어른이들은 정의의 기준에 따라 진영을 판단하지 않는다. 먼저 진영부터 정하고 거기에 정의의 기준을 뜯어 맞추려 한다.

듣고 싶은 것만 듣는 대중은 결국 확증 편향에 빠져 제 믿음에 배치되는 사실은 배제하고, 제 견해에 위배되는 의견은 배척하게 된다. 바로 여기서 대안 매체와 레거시 매체 사이의 갈등이 발생한다. 레거시 매체들은 그래도 나름의 보도준칙에 따라 '사실'을 보도하려 한다. 반면 인터넷 대안 매체들은 심의규정을 준수할 의무가 없어 비교적 자유로이 '허구'를 창작한다. 문제는 레거시 매체가 전하는 '사실'과 대안 매체가 만드는 '대안적 사실'이 번번이 충돌한다는 데에 있다.

대안 매체는 레거시 매체가 불편할 수밖에 없다. 레거시 매체가 전하는 '사실'이 자기들이 만드는 '대안적 사실'의 허구성을 폭로하기 때문이다. 레거시 매체가 가하는 이 '팩트의 폭력'에 대안 매체는 또 하나의 음모론을 꾸며내 맞선다. '알릴레오' 송년 특집에서 유시민은 레거시 매체의 '기레기들'이 검찰과 유착하여 그들이 흘리는 기사만 받아서 쓴다고 매도했다. 레거시 매체들에서 하는 보도를 싸잡아 신뢰해서는 안 될 '검찰괴담'으로 격하해 버린 것이다.

레거시 매체의 위기

더 심각한 문제는 최근엔 레거시 매체들마저 대안 매체의 행태를 뒤쫓기 시작했다는 점이다. 거기에는 권력과 시장이라는 두 개의 배경이 존재한다. 2017년 정권교체 이후 대안 매체의 운영자들이 대거 레거시 매체로 진출했다. 나꼼수 멤버 정봉주는 SBS의 〈정봉주의 정치쇼〉, 김어준은 SBS의 〈블랙하우스〉와 TBS의 〈뉴스공장〉, 주진우는 MBC의 〈스트레이트〉, 김용민은 SBS 〈뉴스브리핑〉과 KBS의 〈김용민 라이브〉의 진행을 맡았다.

이들을 통해 이른바 '나꼼수 스타일'이 그대로 레거시 매체로 옮겨졌다. 이들이 이렇게 레거시 매체까지 장악하는 데에는 물론 정권교체라는 정치적 배경이 중요한 역할을 했다. 하지만 그보다 결정적 역할을 한 것은 시장이라는 요인이리라. 실제로 한국의 미디어 시장에는 이들 방송에 대한 탄탄한 수요가 존재한다. 객관성을 잃은 편파적 진행, 왜곡에 가까운 당파적 보도의 적절성을 묻는 질문에 김용민은 그것은 "시청률로 판단해야 한다"라고 대답했다.

올바름은 시청률로 증명된다. 원래의 레거시 매체마저 시청률로 입증되는 그들의 올바름(?)을 보고 결국 그들의 방식을 그대로 따르게 된다. 예를 들어보자. 2018년 김어준의 〈블랙하우스〉는 성추행 의혹을 받던 정봉주 전 의원의 알리바이를 조작해주었다가 들통이 난 적이 있다. 방송은 정 전 의원이 자기에게 유리하게 발췌, 선별해 제공한 사진들을 '증거'라고 들이대며 사진 전문가를 데려다 이런 결론을 내렸다. "절대 조작일 수 없다."

김어준이야 그렇다 치자. 문제는 다음이다. 1년 반 후 MBC 〈피디수첩〉도 같은 수준의 조작방송을 내보냈다. 수법도 비슷했다. 전문가를 내세워 존재하지 않는 원본 표창장에 실제 인주가 묻었음을 증명(?)한 것이다. '고로 위조일 리 없다.' 충격적인 것은 이 날조의 주인공이 한학수 피디였다는 사실이다. 황우석 사태의 저널리즘 영웅이 일거에 제2의 김어준으로 전락한 것이다. 하나의 극에서 반대의 극으로. 이카루스의 추락이 이보다 더 극적일까.

버티고 현상

보도가 당파적일수록 신뢰도는 오른다. 그 '신뢰도'란 실은 호감도에 불과하나 그 호감도가 여전히 '신뢰도'라 불리는 한 호감도 높은 당파적 보도가 객관적 보도보다 외려 진실에 가깝다는 착시가 발생한다. 실제로 유시민 씨는 대안 매체가 대중에게 신뢰를 받는 것은 그동안 레거시 매체가 거짓말을 해온 탓이라고 주장한다. 한마디로 레거시 매체가 전달해온 세계가 가짜이고, 대안 매체가 창작하는 '대안적 세계'야말로 진짜라는 것이다.

원래 대안 매체는 레거시 매체를 흉내 낸 짝퉁이었으나 그 짝퉁이 어느새 원본의 자리를 가로채고 외려 원본을 짝퉁이라며 배척하는 셈이다. 디지털 시대에 모든 것은 복제되는 횟수만큼 존재감을 갖는다. 레거시 매체가 사실을 보도해도 조회수가 낮으면 그 사실은 없던 것이 된다. 대안 매체가 허구를 창작해도 조회수가 높으면 현실에 사건으로 등록된다. 그런데 조회수가 높은 것은 역시 대안 매체 쪽. 그래서 오늘날 대안적 사실은 사실보다 더 실재적이다.

사실과 허구의 자리가 뒤바뀐 곳에서는 '버티고(vertigo)' 현상이 일어난다. 구름층이 비스듬히 기울어져 있으면 비행사는 자기가 기울어졌다고 믿고 경사진 구름과 수평이 되게 날개를 기울이게 된다. 계속 그 상태로 비행하다 보면 결국 사고가 난다. 멀쩡했던 지식인들이 요즘 갑자기 얼빠진 소리를 한다. 그게 다 이 버티고 현상 때문이다. 버티고에서 벗어나는 방법이 있다. '눈을 믿지 말고 계기를 믿으라.' 인간에게 그 계기는 물론 '이성'이리라.

세계는 어떻게 만들어지는가

"오늘날 권력의 거짓말은 개별 사실을 왜곡하는 식이
아니라 아예 세계 전체를 날조하는 식으로 이루어진다." 장
보드리야르(1929~2007)의 말이다. 오늘날 실재는 권력이 날
조한 가상으로 대체되었다. 하지만 실재가 사라진 것은 아
니다. 그저 안 보이게 됐을 뿐이다. 그 때문에 가끔 실재계의
요소가 주책없이 가상계로 침투하는 일도 생긴다. 이를 '돌
발사태'라 부른다. 실재계의 요소는 아무리 작은 것이라도
가상의 가상성을 폭로하기 마련. 당연히 권력은 그것을 신
속히 제거하려 한다. 이를 '저지전략'이라 부른다.

1999년 개봉한 SF영화 〈매트릭스〉의 장면들.

돌발사태와 저지전략

이 생각을 SF로 해석한 것이 바로 영화 〈매트릭스〉다. 영화에서 주인공 네오는 아키텍트가 날조한 세계에 산다. 어느 날 그에게 실재계로부터 사람들이 찾아온다. 이것이 돌발사태다. 모피어스 일당은 비록 작은 집단이나 그 존재만으로도 가상의 가상성을 폭로할 수 있다. 그래서 매트릭스는 이들을 제거하려 한다. 이것이 저지전략이다. 영화에서 그 임무를 맡은 것이 바로 스미스 요원. 그는 네오 일당을 추적, 제거함으로써 인간들의 수면상태를 계속 유지하려 한다. 가상세계의 관리인인 셈이다.

보드리야르는 저지전략의 실례로 워터게이트 사건을 제시한다. 이 사건은 원래 미국식 민주주의의 추악함을 폭로했어야 한다. 그런데 이상하게도 우리에게 이 사건은 거꾸로 미국식 민주주의의 위대함을 보여주는 예로 기억된다. 왜 그럴까. 간단하다. 권력이 이 사건을 철저히 '개인의 스캔들'로 다루었기 때문이다. 즉, 타락한 것은 권력 자체가 아니라 닉슨 개인이라는 것이다. 고로 그만 물리면 권력은 계속 깨끗한 척할 수 있다. 심지어 '대통령도 잘못하면 물러나야 하는 나라'라고 칭송까지 받는다.

미국의 대통령은 아마 누구나 도청을 했을 것이다. 닉슨의 전임자도 후임자도. 그저 들키지 않았을 뿐. 부패는 권력의 본질이기 때문이다. 그런데 이를 기자가 폭로해버렸다. 이것이 돌발사태다. 실재계에서 들어온 요소는 그 존재만으로도 가상의 가상성을 폭로한다. 그러므로 신속히 제거해야 한다. 결국 권력은 그 사건을 닉슨 개인의 도덕적 문제로 프레이밍 했고, 그로써 자신의 부패한 본질을 감추고 위대함의 후광까지 얻었다. 이것이 저지전략이다.

자유주의국가에서는 위기를 이렇게 관리한다. 문재인 정권의 위기관리 방식은 성격이 사뭇 다르다. 우리나라에서도 역대 정권은 감추려다 실패한 비리 사건의 경우 개인적 도덕성의 문제로 치부해 당사자를 도려내는 식으로 처리해왔다. 이 정권은 다르다. 그들은 부패한 자들을 도려내는 대신 외려 끌어안고, 아예 그들에게 맞추어 세계를 새로 날조하려 한다. 거기에 늘 노골적 선동과 대중의 자발적 동원을 사용한다는 점에서, 이 정권의 전략은 다분히 전체주의적이다. 민망한 일이다.

매트릭스 리로디드

사실 문재인 정권은 '촛불정권'이라 하기 어렵다. 원래 민주당 사람들은 탄핵에 반대했기 때문이다. 예를 들어 조국 교수는 세 가지 이유를 들어 '탄핵 불가'를 외친 바 있다. 먼저 소추안 통과에 필요한 의석이 부족하고, 통과돼도 황교안 당시 총리가 권한

박근혜 대통령 퇴진을 촉구하고 비선 실세 최순실 씨의 국정농단을 규탄하는 촛불집회가 2016년 10월 29일부터 이듬해 3월 10일 헌법재판소의 탄핵 심판 선고가 있기까지 서울 광화문광장을 비롯해 전국 각지에서 열렸다.

제1부 진리 이후의 시대

을 대행하며, 헌법재판소의 구성상 인용을 장담할 수도 없다는 것이다. 이 정권 사람들은 원래 '촛불'을 든 민중의 힘을 믿지 않았다. 말이 촛불정권이지 문재인 정권은 이른바 "친노폐족"이 운 좋게 국정농단 사태를 만나 권력을 거저 얻은 것에 더 가깝다.

그런데도 권력은 자신을 성공적으로 '촛불정권'이라 브랜딩했다. 그리고 스스로 적폐청산의 역사적 사명을 짊어졌다. 개혁의 주체는 자신, 대상은 물론 전(前)정권이다. 이 작업이 일단락되자 그들은 새로 검찰·경찰·법원·언론을 청산해야 할 적폐로 꼽았다. 청산 작업의 논리적 전제는 '정권은 깨끗하고 바깥은 더럽다'라는 것. 권력이 40퍼센트 지지자들의 머릿속에 날조해 심어준 환상이다. 그런데 돌발사태가 발생했다. 가상 속으로 주책없이 '유재수 비리'라는 실재계의 요소가 침투한 것이다.

권력은 신속히 움직였다. 민정수석이 이를 덮었다. 사태는 저지되는 듯했다. 하지만 일개 수사관이 이를 폭로해버렸다. 그러자 권력은 재빨리 그의 뒤를 캐서 그를 묻어버렸다. 이로써 사태는 다시 저지되는 듯했다. 조국 사건도 비슷하다. 그의 아내가 표창장을 위조하다가 발각되었다. 이는 노무현에서 조국으로 이어지는 신통기의 허구성을 폭로하는 돌발사태였다. '혹시 이 거룩한 분도 실은 적폐가 아닐까?' 이 의심의 확산을 막으려 권력은 대학총장의 뒤를 캐 그를 거짓말쟁이로 만들어버렸다.

울산시장 선거개입 사건도 마찬가지다. 정권의 지지자들은 그런 짓은 '이명박근혜'의 적폐정권에서나 하는 것이라 굳게 믿고 있었다. 그런데 그 환상을 깨는 돌발사태가 발생한 것이다. 이 사건은 검찰의 서랍 속으로 사라져버렸다. 이 사건이 1년 8개월 만에 서랍에서 나왔을 때만 해도 권력은 이 일련의 돌발사태가 무난히 저지되리라 믿은 듯하다. 검찰총장을 세운 것이 바로 자기들이었기 때문이다. 문제는 그 총장이 하필 윤석열이었다는 것. 그들의 프로그램에서 윤석열은 곧 치명적 버그로 드러난다.

검찰개혁의 프레이밍

이 버그는 그들의 매트릭스에 심각한 기능장애를 일으켰다. 40퍼센트 지지자들의 머릿속에서 그들은 늘 개혁의 주체였다. 그런데 검찰의 수사로 인해 그들 또한 청산의 대상, 또 다른 적폐라는 사실이 폭로될 위험에 처하게 된 것이다. 이를 참을 수 없었던지 권력은 얼마 전까지 개혁의 '주체'였던 검찰을 개혁의 '대상'으로 격하해버렸다. 적폐를 청산하던 검찰은 졸지에 적폐로 전락했다. 권력을 향한 수사는 개혁에 대한 저항으로 간주됐고, 그 '저항'을 진압하기 위해 권력은 지지자들을 서초동으로 불러냈다.

권력은 부패한 자들을 쳐내는 대신 '그들이 무죄인 가능세계'를 창조하는 길을 택했다. 그러려면 일단 대중을 실재로부터

단절시켜야 한다. 이제 권력 실세들의 범죄 혐의에 대한 보도는 모두 검찰이 '기레기'를 통해 흘리는 허위 정보로 매도된다. 그로 써 그들의 부패는 없던 일이 된다. 실재를 겨냥한 공격에서는 권 력이 사육하는 언론인과 지식인 들의 선동이 큰 역할을 했다. 자 칭 '어용지식인'이 유튜브에서 내뱉은 한마디에 심지어 지상파 방송 법조팀이 해체되기까지 했다.

검찰총장을 임명하며 대통령은 그에게 '죽은 권력만이 아니 라 산 권력에도 칼을 대라'고 당부했다고 한다. 그 약속이 지켜졌 다면 아마 고전적 저지전략의 상황이 펼쳐졌을 게다. 즉 비리에 연루된 이들을 쳐내고 '촛불정권'으로서 계속 개혁적인 척할 수 있었을 것이다(그저 들키지 않았을 뿐 그것으로 정권의 부패가 사 라진 것은 아니더라도 말이다). 그 일로 권력은 위대함의 후광까 지 얻을 수도 있었다. '보라, 이렇게 산 권력에까지 검찰이 칼을 대 도록 허용하는 게 다른 정권과는 구별되는 문재인 정권의 도덕 성이다.'

솔직히 나는 '촛불정권'의 환상을 깨고 싶지 않았다. 외려 권 력이 이 방식을 사용해 그 환상을 계속 유지하기를 바랐다. 그렇 게 했다면 '촛불혁명'이라는 권력의 연극을 도울 의향까지 있었 다. 하지만 권력은 부패한 자들을 품에 끌어안았다. 그리고 자기 들을 맹신하는 40퍼센트 지지자만을 위해 '그 부패한 자들이 부 패하지 않은 대안세계'를 날조하기 시작했다. 나머지 60퍼센트의 시민들은 권력이 '촛불정권'이라는 번거로운 허울을 벗어던지고 아예 이익집단으로 제 알몸을 노출하는 민망한 장면을 두 눈으로 지켜봐야 했다.

두 개의 꿈

권력은 부끄러움을 감추는 대신 아예 모르기로 한 모양이다. 비리가 비리가 아니고, 부패가 부패가 아니며, 범죄가 범죄가 아니라고 강변하다가 사실과 도덕의 기준마저 무너뜨렸다. 그로써 사회는 논리와 윤리의 아노미 상태에 빠져들었다. 이 보편적 혼돈이 시인들의 감성마저 바꿔놓은 걸까. '연탄재 함부로 차지 말라'던 시인은 평생 연탄재를 볼 일도 없을 어느 강남 사모님을 위해 이렇게 노래했다.

나도 강남에 건물을 소유해 앞으로 편히 살고 싶다. 이런 꿈을 꾸는 것이 유죄의 증거라고? 대한민국 검찰은 꿈을 꾸는 것조차 범법행위라고 주장하고 있다. 꿈을 꾸지 말자. 미래에 대해, 앞날에 대해, 그리고 다가올 시간에 대해.

과연 시인은 솔직하다. 대중이 매트릭스 안에서 허황하게 평등사회의 꿈을 꿀 때, 그 세계의 아키텍트들은 매트리스 밖에서 야무지게 "강남에 건물을 소유해 편히 살" 꿈을 꾼다. 대중의 꿈이 관념론적이라면, 아키텍트들의 꿈은 유물론적이다. 이것이 매트릭스의 기능이다. 매트릭스는 바로 이 때문에 존재한다.

공작정치, 세계를 날조하다

1933년 2월 27일 독일 제국의회 의사당이 화염에 휩싸인다. 방화의 흔적이 뚜렷했다. 경찰은 현장에서 한 네덜란드 청년을 체포했다. 마리누스 판데르 루베. 그는 벽돌공이자 공산주의자였다. 소식을 듣고 히틀러와 괴링 등 주요한 나치 인사들이 현장에 속속 도착했다. 불타는 의사당을 보며 괴링은 "공산당의 봉기가 시작되었다"라고 말했다. 히틀러는 "앞으로 공산당들은 보이는 족족 쏴 죽일 것"이라며 "사민당원들도 봐주지 않겠다"라고 공언했다.

1933년 방화로 불타고 있는 독일 제국의회 의사당 라이히스타그. 이 방화 사건은 나치 독재의 신호탄이었다.

그는 정말 방화범이었을까

제국의회 방화 사건은 나치 독재의 신호탄이었다. 이를 빌미로 베를린에서만 1,500명의 공산당원이 체포된다. 이들을 수용하기 위해 처음으로 강제수용소가 지어진다. 그 뒤로 언론·출판·집회·결사 등 시민의 자유와 권리를 광범위하게 제한하는 조치들이 이어졌다. 그 네덜란드 청년이 나치가 그토록 원하던 일을 알아서 해준 셈이다. 히틀러는 이 사건을 "신이 주신 신호"라 불렀고, 괴벨스는 일기에 "하늘이 주신 기회"라 적었다.

나치는 처음부터 이 사건을 공산당의 소행으로 몰아갔다. 그들은 이 네덜란드 청년을 네 명의 공산주의자와 공범으로 묶어 함께 기소했다. 하지만 법원은 루베에게만 유죄판결을 내리고, 다른 이들은 증거 부족으로 방면한다. 이때만 해도 나치가 아직 사법부까지 장악하지는 못했던 것이다. 이 판결에 격노한 히틀러는 따로 '인민재판소'를 설치한다. 훗날 히틀러 암살 기도에 가담한 이들은 이 인민재판소에 회부돼 처형된다.

정말 루베가 방화 사건의 범인이었을까? 법정에서 그는 "독일 노동자계급의 투쟁을 촉구하기 위해" 저 혼자 한 일이라고 말했다. 최근 그 현장에 있었던 나치돌격대(SA) 장교의 일기가 새로 발견되었다. 거기에는 자기들이 청년을 그리로 데려갔으며 현장에 도착했을 때 의사당은 이미 타오르고 있었다고 적혀 있다. 진실은 알 수 없다. 하지만 설사 청년이 방화를 한 게 사실이라도 그 배후에 공산당이 있다는 나치의 주장은 근거 없는 모략이었다.

이 사건은 '음모론'을 활용해 세계를 날조하는 방식의 전형을 보여준다. 당시 독일 형법에서 방화는 징역형에 해당하는 범죄였다. 하지만 사건이 공산당의 국가 전복 음모로 규정되면서 상황이 달라진다. 청년은 결국 사형선고를 받고 기요틴에 목이 잘렸다. 공산당을 겨냥했던 정권의 탄압은 곧 사민당을 향하더니, 나중에는 자유주의자를 포함해 정권에 반대하는 모든 이들로 확대된다. 나치의 '멋진 신세계'는 이렇게 지어졌다.

정언유착의 프레임

규모야 비교할 수 없지만 여기에서도 비슷한 사건을 본다. 태초에 채널A 기자의 일탈이 있었다. 그는 항간에 소문으로 떠도는 신라젠 로비 의혹을 캐기 위해 VIK 사건으로 복역 중인 이철 씨에게 검찰 고위층과의 친분을 과시하며 이른바 "약을 팔았다". 물론 기자로서 해서는 안 되는 일이었다. 그의 편지를 받은 이철이 이 사실을 밖으로 알렸다. 검찰총장을 제거하고 싶어하는 이들에게 이는 "하늘이 주신 기회"였으리라.

수감 중인 이철 씨를 대신해 자칭 '제보자 x' 지 모 씨가 기자와 접촉에 나섰다. 그는 사기·횡령·협박의 전과 5범으로 지금도 다른 사기 혐의로 조사를 받는 인물이다. 그는 언론에 자신을 이철의 "오랜 지인"으로 소개했다. 하지만 그와는 아무 면식이 없었던 것으로 드러났다. 그를 이철과 연결해준 것은 민병덕 민주당 의원의 법무법인 민본의 변호사. 지 씨는 이철과 접촉하면서 동시에 열린민주당 인사들과 연락을 주고받는다.

그즈음 열린민주당의 황희석 씨는 SNS에 최강욱 의원과 찍은 사진을 올리며 "둘이서 작전 들어갑니다"라고 쓴다. 지 씨는 이 사진을 퍼 나르며 그 밑에 "부숴봅시다. 개검들!!"이라 썼다. 그 후 지 씨는 기자를 만나 '이철 씨가 로비 정치인 다섯 명의 명단을 갖고 있다'고 거짓말을 한다. 이철 씨는 지 씨에게 그런 명단은 없다고 말했다고 하니, 그 거짓말은 지 씨 혹은 그와 최강욱·황희석의 만남에서 지어낸 것으로 보인다.

무슨 "작전"이었을까. 지 씨는 기자에게 그가 말한 검찰 고위층이 검찰총장의 측근 한모 검사장인지 집요하게 캐묻는다. 아울러 명단을 넘기는 시점이 총선 전이라는 대답을 얻어내려고 무던히 애를 쓴다. 그 바탕에 깔린 것은 물론 '윤 총장 측근과 종편 기자가 유시민의 비리를 캐서 4·15총선에 영향을 끼치려 했다'는 음모론이다. 나치가 공산당을 루베의 배후로 몰아가듯이 검찰총장을 기자의 배후로 몰아가려 한 것이다.

무너진 음모론의 두 기둥

얼마 후 최강욱 의원은 제 페이스북에 "채널A 기자 발언 요지"라는 글을 올렸다. 거기에 따르면 채널 A기자가 이철 씨에게 이렇게 전했다고 한다. "사실이 아니라도 좋다. 당신이 살려면 유시민에게 돈을 줬다고 해라." 하지만 편지와 녹취록을 아무리 뒤져도 이 발언은 없다. 그렇게 '해석'될 만한 구절도 없다. 왜? 당시 기자는 이철 씨가 쥔 로비 명단에 유시민이 들어 있다고 굳게 믿던 상황. 애초에 거짓말을 해달라고 할 이유가 없었다.

녹취록을 읽어보면 검찰과의 거래를 적극적으로 요구한 것은 외려 지 씨라는 것을 알 수 있다. 채널A의 기자는 그의 요구를 거절하며 "그 이상을 하면 기자가 아니라 사기꾼"이라며 법의 테두리를 넘을 수는 없다고 잘라 말한다. 4·15 총선에 대해서도 기자는 어차피 총선에서 유시민은 큰 변수가 못 된다면서 명단을 넘겨받는 것은 총선 전이든 후든 상관없다고 말한다. 그들이 창작한 음모론의 한 축이 무너진 것이다.

나머지 한 축도 마찬가지다. 기자와 나눈 대화에서 한동훈 검사장은 신라젠이 "많은 사람에게 다중 피해를 준 사건"이며 "정확히 규명해야 하는 '서민·민생 금융범죄'"라고 말한다. 유시민에 대해 묻자 "유시민이 뭘 했는지 나도 아는 게 없다. 금융범죄를 정확히 규명하는 게 중요하고 그게 우선"이라고 답한다. 기자가 그래도 마지막엔 유명인이 나오지 않겠느냐고 묻자 한 검사장은 재차 자신은 "관심 없다"라고 잘라 말한다.

이 보도가 나가자 사건을 맡은 서울중앙지검에서는 언론이 "관련자에게 유리할 수 있는 부분만 선택적으로 보도했다"라고 반박했다. 하지만 그 발언의 존재 자체는 부정하지 않았다. 한편 대검 형사부 실무진은 녹취록을 읽어본 뒤 서울중앙지검의 수사팀이 사건을 왜곡했다는 결론을 내린다. 한 검사장에게 유리한 부분은 빼버리고 "악마의 편집"을 했다는 것이다. 이렇게 대검과 지검의 견해가 엇갈리자 총장은 수사자문단을 소집한다.

수사지휘권 발동

그러자 추미애 법무부 장관이 히틀러처럼 화를 내며 수사지휘권을 발동했다. 검찰청법에는 "법무부장관이 구체적 사건에 대하여는 검찰총장만을 지휘 감독"하게 되어 있다. 검찰의 중립성을 보장해주려고 독일과 일본의 법을 참조해 만든 조항이다. 이 조항의 원조인 독일에선 이제까지 수사지휘권이 발동된 사례가 아예 없다. 일본의 경우 1954년 뇌물 정치인의 사건을 불구속 지휘한 사례가 유일하다. 당시 법무대신은 여론의 비난에 사퇴했다.

이렇게 엄청난 수사지휘권을 고작 사건을 배당하는 데에 썼으니 코미디가 아닐 수 없다. 수사의 대상도 사기꾼과 정치꾼과 어용언론의 협잡으로 지어낸 잡스러운 사건('강요미수'). 결국 모기 한 마리 잡겠다고 ICBM을 발사한 격이다. 흥미롭게도 장관은 아직 수사도 안 끝난 상황에서 벌써 사건의 성격을 "검언유착"으로 규정하고 들어갔다. 결론은 이미 내려져 있다는 이야기다. 당연히 수사도 이분의 뜻에 맞추어 진행되었다.

수사자문단 소집도 불허하고, 대검의 지휘도 중단시키고, 특임검사 제안도 거부하고 수사를 제 사람들에게 맡겼다. 권력의 지시에 따른 편파수사와 무리한 기소. 자기들이 개혁해야 한다고 주장했던 그 부정적인 검찰상을 몸으로 보여준 셈이다. 공소장의 공개를 막았던 장관은 이번엔 아마 공소장을 공개할 것이다. 피의사실 공표를 비난하던 어용언론들은 피의사실을 대대적으로 떠들어댈 것이다. 뭐가 달라졌는가.

한편, 그 사건의 또 다른 절반인 지 씨와 MBC에 대한 수사는 거의 진전이 없다. 제보자 지 씨는 소환에 불응한 채 SNS로 검찰을 조롱하는 재미에 산다. "술 한 잔 하실 분들 12시까지 대학로 여기로 오세요. 서울지검 검사님들도 오시면 '제보자 x' 현장 체포 가능합니다." 법무부장관과 서울중앙지검장이 제 편이라 믿는 게다. 여기서 우리는 상대에게는 가혹하고 내 편에는 관대했던 과거 검찰의 모습을 다시 본다. 이게 개혁인가.

권력은 늘 그 자리에

개혁한다고 그 난리를 치더니 고작 검찰을 다시 권력의 개로 길들여놓았다. 그래도 자기들이 검찰의 독립성을 훼손했다는 것은 아나 보다. 민주당 윤호중 의원이 애써 변명을 한다. "검찰은 중립성을 지켜야지, 독립성을 지켜야 할 조직이 아니다." 이게 무슨 헛소리인가. 검찰에 독립성이 필요한 것은 그것이 중립성의 전제이기 때문이다. 독립성 없는 조직이 어떻게 중립적일 수 있겠는가. 식민지 조선이 어디 스위스였던가.

슬픈 것은 권력을 감시해야 할 언론이 세계를 날조하는 이 권력의 공작을 외려 적극 거들었다는 것이다. 검찰총장에 대한 1차 공격은 《한겨레》를 통해 이뤄졌다. 《한겨레》는 총장에게 성 접대 누명을 뒤집어씌웠다. 2차 공격은 '뉴스타파'가 맡았다. 타깃은 총장의 장모였다. 본인이 안 되니 가족을 공격한 것이다. 3차 공격에는 MBC가 동원되었다. 이번에는 총장의 측근이 타깃이 되었다. 도대체 공작을 하지 않으면 정권유지가 안 되나.

이번이 처음이 아니다. 조국 사태 때는 금융시장의 수상한 브로커들을 앞세워 언론플레이를 했다. 이번 사건에는 사기·횡령·협박 등 전과 5범이 '제보자'로 기용되었다. 한명숙 복권운동에서는 7년이나 지난 시점에 복역 중인 이가 느닷없이 폭로를 하겠다고 나섰다. 그의 법률대리인은 신장식 변호사. 제보자 지 씨의 법률대리인과 같은 법무법인 민본 소속이다. 이게 그저 우연에 불과할까? 패턴이 반복되니 수법이 빤히 들여다보인다.

지금 권력으로부터 공격을 받는 검사들은 과거 '적폐청산' 수사에서 혁혁한 공을 세웠던 이들이다. 그때는 그들을 입에 침이 마르게 칭송하더니 그 칼이 자기들을 겨누자 태도가 돌변한다. 어지간히 급했나 보다. 하긴, 유재수 사건과 선거개입 사건은 물론이고 신라젠이니 라임이니 옵티머스니 비리가 터질 때마다 도대체 청와대나 정권실세 이름이 빠질 때가 없지 않은가. 정권은 바뀌어도 이렇게 권력은 늘 그 자리에 있다.

과학을 대신하는 이야기

"이 이론은 그 어떤 유신론보다 더 원시적인 것으로 호메로스의 사회이론과 유사하다. 호메로스는 이 땅에 일어나는 모든 일이 올림푸스의 신들이 벌이는 공모의 결과라 믿었다. 사회의 음모론은 이 유신론, 즉 신의 변덕과 의지가 모든 것을 지배한다는 믿음의 한 변종이다. 그것은 거기서 신을 떼어내고 대신 이렇게 물을 때 성립한다. '신이 아니면 누가?' 신의 자리는 이제 여러 유력자 혹은 유력 집단들로 채워진다." (칼 포퍼)

지난 2015년 1월 27일 국제 홀로코스트 희생자 추모의 날을 맞아 독일 베를린 홀로코스트 기념관의 콘크리트 기념물에 꽃이 놓여 있다. 유태인의 세계 지배 야욕이라는 음모론이 홀로코스트로 이어졌다.

원인 대신 범인을 찾아라

음모론이란 소수의 사람 혹은 집단이 은밀한 공모로 이 세상을 움직인다고 보는 이론이다. 하지만 어디 이 세상이 인간의 뜻대로 움직여지던가. 인간이 어떤 행동을 하든 그 행동은 대개 의도하지 않은 결과로 이어지곤 한다. 이렇게 인간의 행동이 의도에서 벗어나 종종 예상하지 못한 결과를 낳기에, 그 변수를 통제하려고 사회과학이 존재하는 것이다. 철학자 칼 포퍼에 따르면 음모론은 사회에 대한 이 과학적 인식을 방해한다.

포퍼가 주창하는 '열린사회'는 의견의 자유시장을 통해 이 음모론들을 성공적으로 걸러내곤 한다. 전체주의 국가에서는 사정이 다르다. 가령《시온 의정서(The Protocols)》(1903)를 생각해보자. 이 책에 따르면 세계 곳곳의 유태인들이 각국에서 권력을 장악해 세계정부 수립 음모를 꾸미고 있다고 한다. 황당한 이야기지만, 이 음모론이 나치독일에서는 사회과학을 대체했다. 그 결과는 다 알다시피 홀로코스트라는 끔찍한 사태였다.

우익만이 아니다. 당시엔 좌익들도 즐겨 음모론을 유포했다. 대중선동에는 복잡한 사회이론보다는 역시 음모론이 효과적이기 때문이다. 칼 포퍼는 이들을 '속류 마르크스주의자'라 부르며, 정작 그들의 원조인 카를 마르크스는 최초의 음모론 비판자였음을 상기시킨다. 마르크스는 사회변혁을 위해서는 자본주의 사회의 숨은 조종자들을 '적발'하는 게 아니라 그 사회를 움직이는 구조적 모순을 '인식'하는 것이 중요하다고 보았다.

'음모(conspiracy)'라는 말에는 '함께(con)＋숨 쉬다(spirare)'라는 뜻이 담겨 있다. 음모란 소수의 사람들이 숨 닿을 거리에서 끼리끼리 속닥인다는 뜻이다. 사회란 각 개인·계층·계급의 욕망이 필연적 법칙이나 우연적 계기와 어우러져 만들어내는 합력(合力)에 의해 움직인다. 하지만 고대에는 사회과학이 없었기에, 그 시절 사람들은 모든 사회현상을 신화로, 즉 신들이 끼리끼리 속닥거려 세상을 움직인다는 '이야기'로 설명하곤 했다.

음모론은 인간의 의식을 과학에서 신화의 시대로 되돌려 보낸다. 하지만 이는 단순한 퇴행이 아니다. 현대의 음모론은 '과학 이후'의 이야기라, 신화와 달리 나름 합리적 추론과 과학적 논증의 외양을 띠기 때문이다. 음모론의 절반은 사실, 나머지 절반은 상상이다. 절반의 거짓이 그냥 거짓이듯이 절반의 사실도 실은 허구에 불과하다. 그럼에도 이 허구는 사실의 자격을 요구한다. 그 요구를 반박하는 것은 아주 번거롭고 피곤한 일이다.

음모론적 상상 vs 합리적 추론

더 큰 문제는 현실에서 가끔 '음모'가 실제로 벌어지기도 한다는 것이다. 예를 들어 '미국 정부가 세계적 감시망을 갖추고 전 세계인의 통신을 감청한다'는 이야기는 얼마 전까지만 해도 할리 우드 영화에나 나올 법한 음모론으로 치부되었다. 하지만 스노 든의 폭로로 이 음모론은 사실로 드러났다. 이렇듯 합리적 추론 과 음모론적 상상을 가르는 기준이 늘 분명한 것은 아니다. 하지 만 분명하지 않다고 해서 구별의 기준이 전혀 없는 것은 아니다.

음모론은 일견 합리적 추론의 외양을 띠나 그것과 구별되는 몇 가지 특징을 갖고 있다. 첫째, 음모론은 대개 비경제적이다. 그 것은 설명해주는 것보다 설명해야 할 것을 더 많이 남긴다. 가령 개표조작 음모론은 득표율에 보이는 이상현상을 설명해준다. 하 지만 그 가정을 받아들이면 설명해야 할 것이 너무 많아진다. 투 표함을 언제 어디서 어떻게 바꿔치기했으며, 거기 동원된 수많은 이들의 입을 어떻게 그토록 완벽히 틀어막을 수 있었을까.

둘째, 음모론은 편집증적이다. 그래서 고려해야 할 수많은 요 인 중 특정한 것에만 집착한다. 예를 들어 어느 의사는 MRI 사진 한 장만 보고 박주신의 병역비리를 확신했다. 민주당 인사의 자 제가 어떻게 이명박 정권하에서 병무청의 특혜를 받고, 공개검증 에 참여한 세브란스 의료진을 어떻게 소문도 안 나게 전원 매수 할 수 있겠는가. 하지만 오직 MRI 사진에만 사로잡힌 그의 머리 에는 이런 상식적인 물음들이 떠오를 자리가 없다.

셋째, 음모론은 망상적이다. 그리하여 음모의 효과를 과대평

가한다. 십알단의 댓글 공작이 없었다고 2012년 대선 결과가 달라졌을까. 드루킹 일당이 산채에서 매크로를 돌리지 않는다고 2017년 대선 결과가 달라졌겠는가. 또 인터넷 댓글 조작을 하는 중국인들이 실제로 있다 치자. 유입량 1퍼센트도 안 되는 그들의 댓글질로 총선의 결과가 달라지겠는가. 이 세상은 소수의 몽상가들이 움직이기에는 너무나 거대하고 복잡하다.

과학 이후의 이야기

우리나라에서 음모론의 대명사는 김어준이다. 그의 음모론은 어느 감독의 손에서 영화(〈그날 바다〉)로 빚어졌다. 누군가 세월호를 고의로 침몰시켰다는 이야기다. 최근 발표된 2탄(〈유령선〉)에서는 상상력이 더 대담해진 모양이다. 세월호 항적을 속이려 무려 1,000여 척의 선박 데이터를 조작했단다. 상상의 나래를 펼치기에 앞서 이들이 대답해야 할 상식적 질문이 있다. '대체 박근혜 정부에서 세월호를 고의로 침몰시켜 얻을 이익이 뭔가?'

2012년 18대 대선 후에도 그는 음모론을 펼친 바 있다. 분리기에서 나온 미분류표 중 박근혜 표가 문재인 표보다 1.5배('K값')가 나왔는데, 이것이 정권에서 개표를 조작한 증거라는 것이다. 역시 영화(〈더 플랜〉)로 만들어진 이 황당한 음모론은 19대 대선 결과로 바로 반박된다. 문재인 후보가 이긴 선거에서는 K값이 외려 더 크게(1.6배) 나온 것이다. 이렇게 가공할 부정선거(?)가 이루어졌는데, 이 소재로는 영화 만들 생각이 없는 모양이다.

21대 총선에서는 반대편 사람들이 같은 일을 했다. 사전투표에서 균일하게 여당 후보가 13퍼센트 내외로 앞서는데, 결과가 그렇게 나올 확률은 수 조분의 1이라나? 사전투표야 원래 젊은 층, 본투표는 노년층이 많이 참여하는 법. 그 현상이 전국적으로 골고루 나타났다고 보면 될 것을 뭘 그리 어렵게 생각하는지 모르겠다. 게다가 바로 자신들이 지지층을 향해 사전투표는 조작 가능성이 있으니 되도록 삼가라고 하지 않았던가.

황당한 것은 이 민중창작을 종종 전문가들이 거든다는 것이다. 가령 2012년 대선의 개표조작 음모론은 재미통계학자 김재광 교수의 지원을 받았고, 이번 총선의 개표조작 음모론은 역시 재미통계학자인 김좌근 교수의 지지를 받았다. 2011년 선관위 홈페이지 접속장애와 관련해 선관위 음모론을 제시한 것은 고려대 법학전문대학원의 김기창 교수, 박원순 서울시장 아들 병역비리 의혹을 부추긴 것은 영상의학의 "세계적 전문가"라는 양승오 박사였다.

음모론은 '과학 이후'의 이야기라서 이처럼 과학(?)의 지원을 받곤 한다. 전문가들의 개입은 사실과 상상이 뒤섞인 이 허구에 과학의 외관을 입힌다. 그들의 권위에 기대어 시민들은 자기가 합리적으로 추론한다는 착각에 빠진 채 미신을 믿게 된다. 이렇게 음모론에 동원되는 순간 과학은 신화의 도구로 전락한다. 이는 위험한 일이다. 우리는 그 극단적 사례를 안다. 나치독일에서 과학은 아리안 인종주의 신화를 증명하는 도구로 사용됐다.

공공의 영역에 침투한 음모론

종교적 심성이 유난히 강한 사람이 있듯이 남달리 음모론적 감성이 강한 이들이 있다. 그래서 사회에는 늘 이러저러한 음모론이 나돌기 마련이다. 내 기억에 선거 후에 이러저러한 음모론이 제기되지 않은 적은 이제까지 한 번도 없었다. 다만 새로운 것이 있다면, 최근에는 음모론이 진지해야 할 공론의 장에까지 침투했다는 것이다. 실제로 미래통합당에서는 4·15 총선 개표조작설을 진지하게 받아들여 아예 의원총회에 정식의제로 올렸다.

더 심각한 것은 여당 측의 음모론이다. 야당의 음모론이 그저 좌절감의 표현이라면, 여당의 것은 반대자를 제거하는 수단으로 사용되고 있기 때문이다. 열린우리당 최강욱 의원이 퍼뜨린 음모론을 생각해보라. '검찰총장의 최측근이 유시민을 잡으려고 채널A 기자를 통해 옥중의 이철 씨와 거래를 시도했다.' 이 소설 때문에 서울중앙지검에서 육탄전까지 벌이며 강제수사를 벌였지만 결국 기소조차 하지 못했다. 애초에 실체가 없는 사건이었기 때문이다.

문제는 이게 그저 '모략'이 아니라는 데에 있다. 여당 측 사람들은 정말로 이 창작 음모론을 믿는 것처럼 보이기 때문이다. 법무부장관이 고작 '강요미수' 사건에 수사지휘권씩이나 발동한 것도 그 음모론이 사실이라 확신했기에 가능한 일이리라. 수사를 담당한 서울중앙지검의 정진웅 부장이 한동훈 검사장의 스마트폰을 빼앗으려 몸을 날린 것도 그 안에 음모의 증거가 들어 있다고 확신했기 때문이리라. 한마디로 제정신이 아니었다는 얘기다.

조국 전 장관의 증세도 심각해 보인다. 얼마 전 그는 윤석열 검찰총장이 임명되자마자 대통령 탄핵부터 준비했다고 주장했다. "작년 하반기 초입 검찰 수뇌부는 4·15 총선에서 집권 여당의 패배를 예상하면서 검찰 조직이 나아갈 총 노선을 재설정했던 것으로 압니다." 이 검찰쿠데타설의 근거로 그가 제시한 증거는 고작 "총선에서 승리하면 대통령을 탄핵하겠다"라는 미래통합당 심재철 의원의 한마디였다. 아예 정신줄을 놓아버린 것이다.

익명의 누리꾼들이 음모론을 즐기는 것이야 있을 수 있는 일이다. 하지만 정권을 담당한 이들까지 음모론적 사유에 물들어 있다는 것은 심각한 문제다. 음모론에 사로잡혀 현실감각을 상실하면 국정운영에 지장이 생길 수 있기 때문이다. 실제로 이 질

　　　　　　　　　　　　　제1부 진리 이후의 시대

낮은 음모론에 근거해 장관의 수사지휘권이 발동되고, 애먼 사람을 상대로 무리한 수사가 벌어지지 않았던가. 그 잘난 '검찰개혁'이 산으로 가버린 것도 이와 무관하지 않을 것이다.

제2부

팬덤의 정치

밝은 달은 우리 가슴 일편단심일세

지난 1월 광주의 지하철역에 광고판이 등장했다. 대통령의 68회 생일을 축하하는 광고란다. 그분의 사진 옆에는 이렇게 적혀 있었다. "밝은 달은 우리 가슴 일편단심일세." 새로운 일이 아니다. 작년 67회 생일에는 서울역 옥외전광판에 축하 광고가 등장했다. "그대와 함께 만드는 미래에 단 한 번도 등 돌린 적 없음을." 재작년 66회 생일 축하 광고는 아예 뉴욕의 타임스퀘어까지 진출했다. "당신을 지켜드리기로 맹세합니다. 우리를 믿으세요."

2018년 미국 뉴욕 타임스퀘어에 문재인 대통령의 66번째 생일을 축하하는 광고가 걸렸다.

아이돌이 된 정치인

이런 광고는 우리를 당혹하게 만든다. 보통 저런 데서 우리는 60대 후반의 노인이 아니라 20대 초반 남녀 아이돌의 얼굴을 기대하기 때문이다. 영화나 대중음악, 스포츠의 영역에 존재하던 팬덤이 정치로 옮겨 온 것이다. 한국만이 아니다. '정치의 팬덤화'는 소셜미디어가 발달한 곳이라면 어디에서나 나타나는 현상이다. 2004년 미국 민주당 후보 경선에서는 하워드 딘 후보, 2008년 대선에서는 오바마 후보가 팬덤의 지원을 받은 바 있다.

맘 카페에 둥지를 튼 문재인 팬덤의 다수는 20년 전엔 아마 H.O.T., 젝스키스, god 팬클럽 중 하나에 속하여 활동했을 게다. '팬덤'은 그냥 '팬'이 아니다. 팬이 개인으로서 제공된 문화 콘텐츠를 수동적으로 소비한다면, 팬덤은 그 콘텐츠를 팬픽이나 팬아트의 형태로 스스로 생산하고 가공하고 공유한다. 제작사의 '굿즈'를 구입하는 것은 물론이고, 그것을 스스로 생산해 팔기도 한다. 문재인 팬덤 역시 팬아트를 창작하고 '이니 굿즈'를 제작해 판매한다.

팬덤은 자신들의 '팬 객체(fan object)', 즉 팬질의 대상이 되는 사람(이나 사물)과 강력한 정서적 유착 관계를 맺는다. 따라서 팬 객체에 대한 비판은 일절 허용되지 않는다. 그 비판을 곧 자신에 대한 비난으로 받아들이기에 팬덤은 자신의 팬 객체를 비판하는 이들에게 공격성을 드러내곤 한다. 문재인 팬덤도 다르지 않다. 그들은 대통령에 대한 비판을 일절 허용하려 들지 않는다. 논리를 떠나서 그 일이 그냥 '정서적으로' 용납이 안 되는 것이다.

팬덤은 '상상의 공동체'다. 팬에게는 오직 팬 객체만이 중요하지만, 팬덤에는 그 대상을 사랑하는 이들의 공동체에 속한다는 느낌이 더 중요하다. 이 집단정체성이야말로 팬 현상과 구별되는 팬덤의 본질이다. '정체성'은 본디 배타적인 것. 그 옛날 H.O.T.의 팬덤이 젝스키스나 god 팬덤과 치열한 사이버 대전을 치렀듯이, 문재인 팬덤 역시 '달빛기사단'과 '문꿀오소리'의 정체성을 가지고 하루하루 적들과 패싸움을 벌이는 보람에 살아간다.

나르시시즘이 과대망상으로

팬덤은 일종의 나르시시즘 현상이다. 나르시시스트는 연인에게 하듯 제 몸을 어루만진다. 프로이트에 따르면 나르시시즘은 유아기의 자기성애에서 타자성애로 옮겨 가는 과도기 현상이란다. 즉 아이는 자기를 사랑하는 것을 통해서 타인을 사랑할 준비를 시작하는 셈이다. 하지만 나르시시스트의 리비도가 저 아닌 외부를 향할 수도 있다. 나르키소스(Narcissos)가 물 위에 투사한 자신의 완벽한 미모에 반하듯이, 팬덤은 팬 객체에 투사한

제 이상적 자아를 사랑하는 것이다.

팬 객체에 대한 그들의 사랑이 유난스러운 것은 그 때문이다. 그 사랑은 글자 그대로 광적(fanatic)이다. 그들이 사랑하는 것은 투사된 자아이기에 애초 그것과 비판적 거리를 취할 수가 없다. 그 팬 객체가 아이돌이라면 별 문제가 없을 것이나, 그것이 정치인일 때에는 아주 피곤한 일이 벌어진다. 팬덤의 사적 기호가 정치에 필수적인 공적 비판을 막아버리기 때문이다. 아마 제대로 된 기자 중에서 문 팬덤에게 '양념'당해보지 않은 이는 거의 없을 게다.

프로이트에 따르면 나르시시즘 단계의 유아는 자기를 투사한 객체를 제 몸처럼 지배할 수 있다는 과대망상에 빠져 있다. 아득한 유년기의 인류가 주술로 세계를 통제할 수 있다고 믿었던 것은 그 때문이리라. 이 유아적 망상이 현실의 정치인을 만나면 꽤 현실성을 띠게 된다. 대통령에겐 권력이 있지 않은가. 그래서 그들은 대통령을 지키기만 하면 세상의 모든 문제가 해결된다는 주술적 믿음에 빠진다. "우리 이니 하고 싶은 거 다 해."

노사모는 '지지' 문 팬덤은 '사랑'

문 팬덤의 기원은 2002년 대선의 '노사모'로 거슬러 올라간다. 하지만 노사모 활동은 '팬에 기초한(fan based)' 정치였을 뿐 팬덤 정치는 아니었다. 노사모는 다른 커뮤니티와 싸우지 않았다. 남의 커뮤니티에 들어갈 때는 예의를 지켰고, 들어가서는 그곳 사람들을 '논리'로 설득했다. 당선된 후보가 "이제 뭐 하실 겁니까?"라고 물었을 때 그들은 "감시, 감시!"라 외치며, 그를 감시하려고 모임을 해체했다(그때 해산을 거부하며 남은 소수가 문 팬덤의 또 다른 줄기를 이룬다).

문재인 팬덤은 다르다. 노사모의 토대가 후보의 철학에 대한 '이성적 지지'라면, 문 팬덤의 토대는 후보의 이미지에 대한 '정서적 유착'이다. 그러니 그를 '감시'한다는 것은 있을 수 없는 일. 그들은 대통령을 지지하는 게 아니라 사랑한다. 그러니 그가 무슨 일을 하든 그를 옹호할 게다. 지지는 철회해도 사랑은 철회할 수 없는 것. 이것이 팬덤 정치다. 대통령도 이를 안다. 그래서 팬들의 패악질을 "경쟁을 더 흥미롭게 만들어주는 양념"이라 미화한 것이리라.

이렇게 정치에 사랑이 개입하니 정치의 본질은 왜곡될 수밖에. 그래서 대통령이 국민을 지키는 게 아니라 국민이 대통령을 지켜주는 이상한 사태가 벌어지는 것이다. "당신을 지켜드리기로 맹세합니다. 우리를 믿으세요." 원래 이는 대통령이 국민에게 해야 할 얘기다. 그런데 그 얘기를 거꾸로 국민이 대통령에게 하고 있는 것이다. 왜 그럴까? 팬 객체는 투사된 자아다. 그러니 그들에

2002년 대선 당시 노무현 새천년민주당 후보가 강원도 원주의 한 시장에서 거리 유세를 하며 지지자들의 환호에 화답하고 있다. 노사모(노무현을 사랑하는 모임) 회원들이 노란 풍선을 흔들며 그의 옆을 지키고 있다.

제2부 팬덤의 정치

게는 대통령을 지키는 게 곧 자기를 지키는 일이 되는 것이다.

문 팬덤이 본격적으로 존재를 드러낸 것은 2018년 지방선거 때였다. 당시 이재명을 공격하는 '달빛기사단'과 그를 방어하는 '손가락혁명군', 두 팬덤 사이에 치열한 결전이 벌어졌다. 문 팬덤은 대선후보 경선 때 자기들의 팬 객체를 공격한 이재명을 용서할 수가 없었다. 그가 더불어민주당 후보로 결정되자 그들은 자유한국당 후보에게 표를 던지기로 했다. 이처럼 팬덤은 정당의 이해와 관계없이 자기들의 쾌락 원리에 따라 움직인다. 팬덤 정치는 이런 것이다.

상상계를 파괴한 죄

그들이 조국을 끝내 놓지 못하는 것도 이와 관련이 있다. 조국은 그들에게 시효가 다해가는 대통령 대신에 자신들을 투사할 새로운 팬 객체였기 때문이다. 팬 객체의 요건은 '호감성(likeability)'이다. 훤칠한 외모, '쌔끈한' 학벌, 강남 사는 좌파. 조국은 팬 객체에 필요한 요건을 두루 갖추고 있다. 문팬들은 그에게서 자신들의 나르시시즘적 과대망상을 계속 유지시켜줄 새로운 팬 객체를 본 것이다. '노무현의 꿈 문재인의 운명 조국의 사명.'

팬덤은 지지자가 아니라 구축자다. 그들은 팬 객체를 통해 자신들의 상상계를 실현하려 한다. 그들에게 정당이란 리비도적 나르시시즘의 수단일 뿐. '너희는 현실을 연구하지만 우리는 새로운 현실을 창조한다. 그 현실을 너희들은 나중에 연구하게 될 것이다.' 이것이 팬덤의 멘탈리티다. 조국 일가의 비리가 드러났을 때 그들은 '그 안에서 조국이 완전무결한' 상상계를 실현하려 서초동에 모였고, 팬덤을 쫓던 민주당은 그 망상에 들러리를 섰다.

이제 금태섭 의원이 무슨 죄를 지었는지 알 수 있을 게다. 청문회에서 자기들의 이상적 자아가 훼손당할 때 그들은 자신의 전(全) 존재가 부정당했다고 느꼈을 게다. 그 모욕과 상처를 잊지 않고 그들은 기어이 그 '배신자'를 공천에서 탈락시켰다. 검찰을 향한 그들의 광적인 증오도 마찬가지다. 윤석열의 죄는 그들의 상상계를 파괴한 데에 있다. 자기들을 살아 있게 해주는 나르시시즘의 쾌락을 부정한 죄. 그 죄는 죽음으로도 다 갚지 못할 것이다.

팬덤은 그저 자신의 이익을 대변하는 정치인을 따르는 데에 만족하지 않는다. 그들은 자기들의 나르시시즘의 욕망을 실현하기 위해 정치인을 직접 만들어내기도 한다. 김남국과 강선우는 그렇게 만들어졌다. 팬덤은 정당이 자기들의 '이해'를 대변하기를 원하는 게 아니다. 이해보다 중요한 것이 환상이다. 그 욕망이 제도권의 벽에 부딪히면, 그들은 자기들의 환상을 유지시켜줄 정당을 스스로 '제작'하려 한다. 열린민주당이 그렇게 만들어졌다.

금태섭의 지역구에서 벌어진 일은 일회적 사건이 아니다. 실은 모든 지역구에서 나타나는 일반적 경향이다. 문 팬덤은 민주당 의원들에게 '친문'이나 '친조국'이 아니면 그 당에서 살아남을 수 없다는 교훈을 가르쳐주었다. 당이 그들에게 휘둘릴수록 현실이 자신들의 바람대로 움직인다는 팬덤의 망상은 더욱 심해질 것이다. 민주당은 팬덤의 쾌락을 만족시키는 자위 도구가 되었다. 팬덤을 쫓아 그들의 망상 속으로 따라 들어가버렸다.

유권자에서 소비자로

"정치에 있어서도 소비자 민주주의가 성립될 때 그 정치가 올바른 민주주의라고 생각합니다. 정치는 구매자가 따로 없기 때문에 정치의 소비자를 유권자라고 합니다. 서비스를 향유하는 사람이 서비스에 대한 최종적 평가를 유권자로서 선거와 투표로 나타내기 때문입니다." 노무현 전 대통령의 말이다. 이때만 해도 '소비자 민주주의'라는 말은 한갓 '비유'에 불과했다. 그런데 이 정권에 들어와 이 비유는 현실이 되었다.

2012년 미국 대선에서 오바마의 재선을 이끈 '빅데이터 선거'가 대한민국 선거전에도 본격 도입됐다. '180석'이라는 사상 초유의 압도적인 승리를 거둔 더불어민주당의 주요 선거전략이 '빅데이터 선거 캠페인'이었다.

네트워크에서 빅데이터로

우리나라만의 현상이 아니다. 2008년 미국 대선에서는 모든 것이 '인터넷'이었다. 전국에 깔린 인터넷망이 아래로부터 유권자들의 자발적 참여를 끌어내는 새로운 유세 방식을 낳았기 때문이다. 우리나라에서 2002년에 벌어졌던 그 일이 뒤늦게 미국 땅에서 재연된 셈이다. 당시 오바마 캠프는 탁월한 감각으로 인터넷을 활용한 유세에서 상대 캠프를 압도했고, 그것이 그해 선거의 승패를 갈랐다고 해도 과언이 아니다.

하지만 2012년 오바마가 재선에 나섰을 때에는 상황이 완전히 달라졌다. 그때는 모든 것이 '빅데이터'였다. 오바마 캠프는 천문학적 액수가 들어가는 TV광고전 외에 빅데이터를 활용해 지역마다 계층마다 다른 유권자의 니즈를 파악하여 그 지역이나 계층에 따라 차별화한 공약을 내세우는 세밀한 홍보전을 펼쳤다. 기업에서 활용하는 마케팅 기법을 그대로 선거전에 도입한 것이다. 이번에도 승리는 오바마의 것이었다.

이 변화의 바탕에는 어떤 기술적 필연성이 깔려 있다. 인터넷의 특징은 인터랙티비티(interactivity)에 기초한 수평적 네트워크다. 그것이 정당의 수동적 지지자들을 능동적 참여자로 바꾸어 놓는다. 노무현 전 대통령이 '소비자 민주주의'를 이야기한 것은, 결국 정치가 공급자(정당인) 중심에서 소비자(유권자) 중심으로

제2부 팬덤의 정치

바뀌어야 한다는 문제의식의 표명이었던 셈이다. 그 정권이 '참여정부'를 자처한 것은 그 때문이다.

한때 진보주의자들은 인터넷의 민주주의적 속성에 열광했다. 하지만 20여 년이 지난 지금 인터넷의 주인이 된 것은 네티즌이 아니라 검색엔진이었다. '깨어 있는 시민'들은 '구글신'에게 데이터를 갖다 바치는 존재가 되었다. 먼저 기업들이 이 데이터들을 마케팅에 활용했고 정당들도 곧 기업의 마케팅 기법을 벤치마킹했다. 그 결과 인터넷이 정치의 '주체'로 세운 유권자들은 빅데이터를 통해 다시 마케팅의 '대상'으로 전락하게 된다.

마케팅으로서 정치

사실 정치 마케팅은 새로운 현상이 아니다. 정치권에서는 오래전부터 '여론조사'라는 이름으로 늘 시장조사를 해왔기 때문이다. 다만 전통적 여론조사가 공적 사안에 대한 유권자의 의견을 물었다면, 빅데이터를 활용한 여론조사는 매출(득표)을 위해 유권자들의 사적 니즈를 파악하는 판매전략에 가깝다. 이 현상을 무조건 나쁘게 볼 필요는 없다. 정치가 소비자의 니즈에 응하려고 노력하는 것이 나쁜 일은 아니지 않은가.

정치와 시장의 융합. 문제는 정당과 기업의 목적이 서로 다르다는 데에 있다. 정당의 목적은 '공공선'에 있다. 반면 기업의 목적은 '사익'에 있다. 유권자와 소비자도 성격이 다르다. 유권자는 자신의 표가 '공공'의 선을 실현하는 데 쓰인다는 믿음에서 표를 던진다. 반면 소비자가 물건을 사는 것은 어디까지나 '사적' 필요나 취향의 문제다. 물건을 고를 때 소비자는 국가를 생각하지 않는다. 그저 자기만을 생각할 뿐이다.

물론 공적 소비도 존재한다. 가령 돈을 좀 더 내더라도 제3세계 사람들의 노동에 제값을 지불하는 기업의 신발을 사는 '착한 소비'라든지, 일본의 수출 규제에 맞서 일본 제품을 보이콧하는 '불매운동' 등은 원래 '사적' 성격을 가진 소비에 '공적' 성격을 부가한 것이라 할 수 있다. 반면, 유권자가 소비자가 될 때는 그와는 정반대 현상이 벌어진다. 즉 공적 활동이어야 할 정치가 사적 용무로 변질되고 마는 것이다.

정치의 무분별한 마케팅화는 결국 정치과정을 시장논리에 종속시키는 결과를 낳게 된다. 21대 총선 전 민주당에서는 비례대표선거 시뮬레이션에 기초해 별도의 위성정당을 만들기로 결정했다. 이 결정의 근거는 정당업계 매출 1위 자리를 놓치지 않겠다는 판매전략이었다. 여기에 정치적 명분이나 도의가 끼어들 여지는 없다. 그저 경쟁사에 맞서 매출목표를 달성하겠다는 타산이 있을 뿐이다. 공당이 일종의 사기업이 되어버린 셈이다.

장사가 된 정치

　정치가 마케팅이 되면 정당은 기업이 된다. 기업의 목적은 회사의 이익을 극대화하는 데에 있다. 그렇기에 정당이 기업이 되면 '공공선'은 더 이상 활동의 목적이 아니게 된다. 최근 민주당의 행태가 우리를 당혹스럽게 하는 것은 그 때문이다. 물론 정당들은 예나 지금이나 '공공선'을 빙자하여 당리당략을 추구해왔다. 하지만 그때에도 빙자할 '공공선' 자체는 버리지 않았다. 그러나 조국 사태에서 우리가 본 것은 그것의 노골적 폐기다.

　'팬덤 정치'도 알고 보면 이 마케팅 정치에서 비롯된 현상이다. 유권자는 자신을 국가공동체의 일원으로 생각해 '공익'을 기준으로 사유한다. 그렇기 때문에 자신의 지지 정당이 공공선을 거스르는 행위를 할 경우 지지를 철회하거나 지지 강도를 낮춘다. 반면 자신을 정치 서비스의 소비자로 인식하는 팬덤은 자신의 팬 객체가 공공선을 파괴해도 지지를 철회하지 않고 외려 지지의 강도를 높인다. 소비란 '사적'으로 이루어지는 것이기 때문이다.

　정당이 기업으로 행동하고 유권자가 소비자로 행동하면, 당연히 소비의 '사적' 성격이 '공적' 정치과정을 결정하게 된다. 청문회 과정에서 공공선을 대변했던 현직 의원은 공천을 받지 못했다. 반면 선거개입 사건에 연루된 경찰 인사, 조국을 위해 '개싸움'

을 벌였던 변호사, 위조 인턴증명서로 기소당한 전직 공직기강비서관, 부동산투기로 물러난 전직 청와대대변인은 공천을 받았다. 마지막 한 사람을 빼고 모두 당선까지 되었다.

소비는 사적 행위이기에 남이 뭐를 사든 내가 상관할 일이 아니다. 그가 불량품을 사더라도 내게 해가 되지는 않는다. 정치는 그와 달라 공적 성격을 띤다. 즉 정당은 세금으로 운영되기에 내가 사지도 않은 물건의 대금이 내게도 청구된다. 그래서 투표는 '공적' 활동이어야 하나, 정치의 마케팅화는 이를 불가능하게 한다. 그 결과 많은 이들이 불량품 구입을 강요당하거나, 남이 한 소비의 대금을 함께 치르며 좌절하게 된다.

서비스업이 된 정치

정치의 마케팅화는 정당의 이념과 정책에 대한 지지를 '브랜드 충성도(brand royalty)'로 바꾸어놓는다. 민주당 지지자들은 더 이상 '노무현 정신'을 지지하지 않는다. 그들에게 필요한 것은 그저 '노무현'이라는 브랜드뿐이다. 민주당을 맴도는 두 위성정당(더불어시민당, 열린민주당)의 비례 후보들이 노무현 묘역을 찾은 것은 브랜드 사용권을 얻기 위한 경쟁으로 볼 수 있다. 사용권이 확보되면 당연히 브랜드를 이용한 요란한 마케팅이 시작된다.

심지어 남의 브랜드를 도용하기도 한다. 열린민주당에서는 엉뚱하게 광고에 노회찬의 사진을 실었다. 그들에게 필요한 것은 '노회찬 정신'이 아니라 '노회찬'이라는 브랜드이고, 그 브랜드는 물론 정의당의 표를 빼앗기 위한 것이다. 그들의 마케팅을 통해 노회찬은 졸지에 조국이 되었다. 둘 다 정치검찰의 희생자라는 것이다. 6411번 버스를 탔던 노회찬은 그렇게 '검찰개혁'의 미명 하에 권력의 비리를 덮는 도구로 활용되었다.

집권 말기에 노 전 대통령은 "권력은 시장으로 넘어갔다"라고 한탄한 바 있다. 그로부터 십 수년, 이제는 정치 자체가 시장으로 넘어갔다. 유권자가 정치 서비스 시장의 소비자로 행세하는 곳에서는 당연히 철학을 가진 정치인이 등장할 수가 없다. 그 시장에서 살아남을 수 있는 것은 수동적으로 대중의 니즈에 영합하는 무색무취의 정치인, 아니면 능동적으로 대중의 니즈를 조작할 줄 아는 포퓰리스트 선동가뿐이다.

마케팅 정치는 공적 사안(res publica)을 사적 용무(resprivata)로 바꾸어놓는다. 공적 활동으로서 정치가 사적 소비행위로 사라질 때 위기에 처하는 것은 공화국(republic)의 이념이다. 지금 우리는 그 위기의 불길한 조짐을 보고 있는지도 모른다.

인간장기, 게임이 된 정치

"아티스 왕의 치세에 리디아 전역에 기근이 들었다. 리디아인들은 한동안 이 고통을 이겨내려 했지만 여의치 않음을 깨닫고, 이 악의 치유책을 찾기 시작한다. 주사위, 허클본, 공놀이 등 여러 사람이 여러 방편을 고안해냈다. 기근에 대항해 그들이 취한 계획은 하루는 완전히 게임에 몰두해 식욕을 잊어버리고, 이튿날은 식사는 하되 게임은 삼가는 것이었다. 이런 식으로 그들은 18년을 버텼다." 헤로도토스의《역사》에 나오는 이야기다.

정치를 게임으로 소비하는 이들은 일본에서 행해지는 '닌겐쇼기(人間將棋
·인간이 장기말 모양의 의상을 입고 펼치는 게임)'의 말들을 닮았다. 언뜻
보면 말들이 스스로 행마를 하는 듯하나, 사실 그들은 장기판 밖의 기사(棋
士)의 지시에 따라 움직일 따름이다.

정치의 게이미피케이션

"우리의 문명은 놀이 속에서 탄생하여, 놀이로서 전개되었다."《호모 루덴스》의 저자 요한 하위징아의 말이다. 하위징아에 의하면 철학은 원래 지혜를 겨루는 현자들의 수수께끼 놀이에서 탄생했다고 한다. 전쟁도 과거에는 스포츠와 비슷해 신사적 규칙에 따라 수행되었다. 사법이나 정치에는 편을 갈라 겨루는 놀이의 흔적이 여전히 남아 있다. 멀지 않은 과거만 해도 노동에는 춤과 노래가 따랐고, 공동체의 삶에는 축제와 놀이가 동반되었다.

하지만 놀이하던 인간들이 언제부터인가 놀 줄을 모르게 되었다. 오늘날의 공장에서는 노동요를 들을 수가 없다. 스포츠마저 요즘은 놀이가 아니라 진지한 비즈니스가 되어버렸다. 전쟁에서 마지막으로 남아 있던 스포츠적 요소가 '선전포고'인데, 한국전쟁이나 태평양전쟁은 그마저도 생략해버렸다. 근대 이후 삶은 과도하게 진지해졌다. 놀이는 삶의 주변으로 밀려나 아이들의 것이 되었다. 한국에서는 그나마도 안 되어 아이들도 놀지 못한다.

그렇게 사라졌던 놀이가 최근 다시 삶으로 복귀하는 모양이다. 그 징후 중 하나가 바로 '게이미피케이션(gamification)'이라는 현상이다. 게이미피케이션은 놀이의 특징인 '재미'를 게임이 아닌 영역에 적용해 문제를 해결하는 기술로 오늘날 교육, 연구,

훈련, 비즈니스 등 다양한 영역에 활용되고 있다. 로베르토 베니니 감독의 영화 〈인생은 아름다워〉에는 게이미피케이션을 활용해 현실의 문제를 해결하는 기발한 예가 등장한다.

거기서 주인공 귀도는 아들과 함께 유태인 수용소로 끌려간다. 다섯 살 먹은 아들에게 그는 혹독한 수용소의 현실을 게임이라 속인다. "저 독일군에게 이기면 상으로 탱크를 받는 거야." 하지만 수용소 생활에 지친 아이가 어느 날 "게임 그만하고 집에 가자"라고 조른다. 그러자 귀도는 집에 가는 척 주섬주섬 짐을 싸며 이렇게 말한다. "아깝다. 거의 다 이겼는데." 이 말에 아이는 게임을 계속하고, 결국 수용소로 진주한 미군의 탱크에 올라타게 된다.

거대한 매직 서클

'매직 서클'이라는 개념이 있다. 여기서 매직 서클은 마법이나 놀이의 공간으로, 그 안에서는 일상의 공간과는 다른 특수한 법칙이나 규칙이 적용된다. 예를 들어 '오징어' 놀이가 벌어지는 공간에서 아이들은 깨금발로 다녀야 한다. 게이미피케이션은 현실 위로 거대한 매직 서클을 드리운다. 언젠가 속초라는 도시 위로 포켓몬의 세계가 내려앉았던 것처럼 말이다. 디지털 시대에는 현실 자체가 거대한 VR(가상현실)과 AR(증강현실) 게임으로 바

사라졌던 '놀이'가 최근 다시 삶으로 복귀하는 모양이다. 그 징후 중 하나가
바로 '게이미피케이션(gamification)'이라는 현상이다. 게이미피케이션
은 놀이의 특징인 '재미'를 게임이 아닌 영역에 적용해 문제를 해결하는 기
술로 오늘날 교육, 연구, 훈련, 비즈니스 등 다양한 영역에 활용되고 있다.

뀌어간다.

정치도 예외는 아니다. 하워드 딘이 2004년 미국 민주당 대선후보 경선에 게이미피케이션을 처음 도입한 후 오바마와 클린턴 등 민주당의 대선 캠프에서는 그동안 이 기술을 유세에 적극 활용해왔다. 원리는 다른 게임과 다르지 않다. 지지자들에게 캠프의 콘텐츠를 퍼 나르는 등 유세에 도움이 되는 다양한 '임무(mission)'를 부여하고, 그 '보상(reward)'으로 참여자에게 배지를 부여하거나, 리더보드에 그들의 이름을 올려주는 것이다.

한국은 차원이 달랐다. 여기서는 게임을 도입하는 수준을 넘어 정치 자체가 아예 거대한 컴퓨터 게임으로 변했다. 2008년 광우병 촛불집회는 그 자체가 거대한 MMORPG(Massive Multiplayer Online Role Playing Game)였다. 그 현장을 인터넷으로 생중계했던 나는 시청자들의 지시를 받아 움직이는 게임의 캐릭터가 된 느낌을 받았다. 영화와 달리 게임은 스토리의 전개를 플레이어들에게 맡긴다. 그때 대중은 집단으로 시위의 스토리를 직접 창작해나갔다.

정치의 게임화는 민주주의를 더 생동적으로 만들어준다. 정치가 게임이 될 때 수동적 투표자로 머물렀던 유권자는 능동적 플레이어로 바뀐다. 오늘날 대중은 정치의 서사를 스스로 쓰려는 강렬한 욕망을 갖고 있다. 그들을 포섭하려면 정당은 그들에게 '미션'을 부여하여 그들을 플레이어로 만들어야 한다. 별도의

'보상'이 필요한 것도 아니다. 게임의 보상은 내재적이다. 대중에게는 선거의 승리를 내 힘으로 이루어냈다는 자부심, 그것이 최고의 보상이다.

정치적 착란

물론 거기에는 심각한 부작용도 따른다. 성격을 달리하는 정치와 게임을 같은 것으로 혼동할 때 대중은 모종의 착란에 빠지게 된다. 문제는 그 착란이 사회를 두 개의 적대적 진영으로 찢어놓는다는 데에 있다. 정치에는 이른바 중도층이 존재한다. 하지만 맨체스터 유나이티드와 토트넘이 대결하는 경기장에 어느 편도 아닌 이를 위한 좌석은 없다. 정치에는 스윙보터가 존재한다. 하지만 경기 도중 응원하는 팀을 바꾸는 팬은 존재하지 않는다.

정치의 게임화는 진영 논리를 강화한다. 골대 앞에서 우리 편이 넘어지면 무조건 '페널티킥'이고, 상대편이 넘어지면 무조건 '할리우드 액션'이다. 상대편에게 휘슬을 불면 '공정한 심판'이고, 우리 편에게 휘슬을 불면 '매수된 심판'이다. 이 운동장 마인드로 무장한 이들은 정치에서도 '팀플레이'를 강조한다. 거기서 아군을 비판한다는 것은 있을 수 없는 일. 이른바 '팀 킬'을 하면 우리 편에게 보복당하고 상대편에게는 조롱당한다.

제2부 팬덤의 정치

합리적 판단이 무용한 곳에서 사람들은 이성의 스위치를 내려놓고 무공을 세우는 데에 몰두하게 된다. 그 결과 플레이어의 인성에도 변화가 생긴다. 이성은 격정으로 대체되고 개인은 집단에 흡수된다. 논쟁이 전쟁으로 바뀌면 논리보다 무력이 중요해진다. 논리로 견해를 반박하는 것은 귀찮은 일이다. 팀플레이로 그 견해의 주체를 '킬'하면 그만이다. 정치의 게임화는 현대인을 문명화의 성과를 거슬러 중세의 호전적 전사들로 되돌린다.

과연 21대 총선도 '한일전'이라는 이름의 증강현실 게임으로 치러졌다. 최근 그 후속편이 출시됐다. 새로운 게임의 이름은 '해방전후사'. 간첩 잡는 '친일파' 팀과 왜구 잡는 '빨갱이' 팀이 온라인에서 맞붙었다. 양측의 플레이어들은 과몰입한 나머지 그 허구가 현실이라는 착란에 빠졌다. 친일파와 빨갱이가 서로 죽일 듯 싸우다가 느닷없이 한목소리로 외친다. '이용수는 가짜 위안부다.' 허구가 현실이 되면, 이렇게 현실은 허구가 된다.

닌겐쇼기

게임과 놀이는 성격이 서로 다르다. 게임은 하릴없는 '놀이'이지만 정치는 진지한 '일'이다. 게임에서는 승리 자체가 목적이나, 정치에서 승리는 그저 수단일 뿐이다. 정치의 목적은 그 승리로 얻은 권력으로 공동체의 과제를 해결하는 데에 있다. 하지만 정치가 게임이 되면 이 본연의 목적은 뒷전으로 밀린다. 정치인과 유권자 모두 또 다른 승리를 위해 바로 다음 게임에 돌입한다. 그러니 국회나 정부가 매번 '역대 최악'의 기록을 경신할 수밖에.

게임은 원래 '재미'로 하는 것이다. 정치-게임의 플레이어들 역시 거기서 '재미' 외에 다른 보상을 기대하지 않는다. 반면 정치는 물질적 이해가 걸린 문제다. 정치인들은 거기서 또 다른 의미의 '재미'를 본다. 정치를 게임으로 여겨 몰입한 이들은 일본에서 행해지는 '닌겐쇼기(人間將棋)'의 말들을 닮았다. 언뜻 보면 말들이 스스로 행마를 하는 듯하나, 사실 그들은 장기판 밖의 기사(棋士)의 지시에 따라 움직이고 있을 따름이다.

제 이해와 별 관계가 없고 남들의 배나 불려줄 뿐인 게임에 왜들 그렇게 광적으로 몰입하는 걸까. 맨정신으로는 현실이 견디기 힘들어서 그러는 것일까? 실제로 경제는 어려워지고, 사회는 위험해지고, 개인의 삶은 날로 불안해지고 있다. 하지만 적어도 놀이에 몰입하는 동안에는 그 구질구질한 현실을 잊고 지낼 수 있다. 더구나 다른 놀이와 달리 정치라는 놀이는 현실의 문제를 해결하게 해주는 절대반지(대권)를 따는 게임이 아닌가.

정치를 게임으로 바꿔놓고 과몰입한 이들을 보면 18년 동안 놀이로 기근의 고통을 잊고 지냈던 리디아의 백성들이 떠오른다. 그들의 운명은 어떻게 됐을까. 헤로도토스에 따르면 전략은 실패로 끝났다고 한다. 아티스 왕은 결국 나라를 둘로 갈라, 절반의 인구를 나라 밖으로 내보내기로 한다. 좌우의 우국지사들이 벌이는 게임도 이 나라를 구하지는 못할 것이다. 다소 시끄럽지만, 저게 다 애들이 크는 소리다. 애들은 원래 저러면서 큰다.

노무현이 어쩌다 조국이 됐나

정치에도 종종 문학적 비유가 사용된다. 대표적 용례가 바로 정치포스터다. '조국 대전'에서도 은유나 환유를 활용한 다양한 포스터가 등장했다. 윤석열 총장을 조폭으로 묘사한 것도 있고, 5·18 진압군에 비유한 것도 있다. 그런가 하면 '윤짜장'이나 '검찰춘장'이라 비하한 것도 있다. 거기서 내게 가장 인상적이었던 것은 노무현·문재인·조국을 성(聖) 삼위일체에 비유한 포스터. 거기엔 이런 글귀가 적혀 있었다. "노무현의 꿈 문재인의 운명 조국의 사명."

노무현·문재인·조국을 성(聖)삼위일체에 비유한 포스터.

은유에서 이성으로

은유란 무엇인가. 아리스토텔레스에 따르면 은유란 "두 개의 다른 사물 사이에 불현듯 닮음을 찾아내는 능력"이다. 가령 그녀가 아름답다. 꽃도 아름답다. 그때 우리는 '그녀는 꽃'이라 말한다. 눈동자가 맑고 호수도 맑다. 그때 우리는 '그대의 눈은 호수'라고 말한다. 이렇게 은유는 한 사물의 속성을 다른 사물에 빗대어 더 돋보이게 한다. 물론 은유는 사실이 아니다. '그녀가 꽃'이라는 말을, 우리는 그녀가 식물이라는 뜻으로 받아들이지 않는다.

그런데 예전에는 달랐던 모양이다. 미셸 푸코에 따르면 중세와 르네상스 시대에 서구인들은 '은유적 사유'를 했다고 한다. 은유적 사유에서는 '닮음'이 곧 '같음'의 증명이 된다. 가령 '남자의 턱에서는 풀이 자라고, 사슴의 머리에서는 나무가 자란다'라는 말이 있다고 하자. 여기서 '풀'과 '나무'가 우리에겐 그저 수염과 뿔을 가리키는 문학적 수사일 뿐이다. 하지만 르네상스 사람들은 달랐다. 그들은 남자의 수염과 사슴의 뿔이 정말 식물성이라 믿었다.

실제로 중세와 르네상스의 약학에서는 간·쓸개·콩팥의 모습을 닮은 식물이 정말 그 장기에 좋은 약으로 여겨졌다. 하지만 '유사=동일'의 원칙에 기초한 이 은유적 사유는 17세기 이후 점차 사라진다. 그 시절 유럽 사회에서 새로이 합리주의적 사유가 확산되었기 때문이다. 예컨대 고래는 외양이 물고기와 유사하나,

제2부 팬덤의 정치

물고기와는 전혀 다른 동물이다. 오늘날 우리는 고래를 생김새가 전혀 다른 개와 함께 묶어 포유류로 분류한다.

소설 《돈키호테》(1605)는 유럽인의 사유가 은유에서 이성으로 이행하던 시기의 문학적 기록이다. 거기서 돈키호테는 '유사=동일'의 원칙에 따라 풍차를 거인으로, 양떼를 군대로, 여관집 소녀를 귀부인으로 여긴다. 은유를 현실로 착각하고 무용담을 살아가는 노기사는 소설 속에서 이미 착란에 빠진 시대착오적 인물로 가차 없이 비웃음을 당한다. 하지만 바로 한 시대 전만 해도 이 광인이 서구인의 평균적 사유 모드를 대표했다고 한다.

이성에서 은유로

조국 대전에 참전한 전사들을 지배하는 것이 이 돈키호테적 사유다. 그들에게 조국은 노무현·문재인·조국으로 이어진 진보 신통기의 적통이다. 조국은 개혁의 기사, 그의 적은 검찰이다. 노기사의 눈에 풍차가 거인으로 보이듯 그들의 눈에 검찰은 악마로 보인다. 풍차와 거인 사이에 닮은 점은 '크다'라는 것밖에 없듯이 윤석열과 이인규·우병우(노무현 서거 당시 대검찰청 중수부장·중수1과장)의 닮은 점이란 '검사'라는 것밖에 없으나, 그들에겐 그것만으로 동일성의 충분한 증명이 된다.

"노무현의 꿈 문재인의 운명 조국의 사명." 전사들은 무용담을 산다. 그들은 개혁의 돈키호테를 도와 그의 사명을 함께 이루는 산초 판자들이다. 노무현 대통령의 비극적 죽음, 그의 이루지 못한 꿈, 그 꿈을 대신 이뤄야 할 문재인의 운명, 그 과업을 이어 완수해야 할 조국의 사명. 그들의 이야기에는 슬픔·원한·복수와 마침내 회복되는 정의의 드라마가 있다. 이 은유적 착란 속에 신파는 현실이 되고, 조국은 졸지에 현생 노무현이 된다.

이런 상황을 창조하는 데에는 자칭 '어용지식인'이 중요한 역할을 했다. 그는 조국 일가의 수사를 노무현에 대한 이인규의 수사에 비유하며 거기에 '개혁에 대한 저항'이라는 프레임을 뒤집어씌웠다. 이렇게 조국 일가의 수사에 노무현 전 대통령이 조사받던 치욕적 장면이 오버랩 되자 풍차(윤석열)는 졸지에 거인(적폐세력)으로 둔갑했고, 이 언어의 마술에 홀린 산초 판자들은 '조'키호테를 도우려 일제히 풍차가 있는 서초동으로 몰려갔다.

그러나 은유는 사실이 아니다. 조국이 노무현일 수는 없는 일이다. 생각해보라. 노무현은 누구처럼 학벌에 집착하지 않았다. 딸이 시험을 망쳐도 그는 "수학을 못해서 그렇지 좋은 딸"이라 말했다. 누구처럼 책임을 가족에게 지우지도 않았다. 외려 가족의 잘못까지 뒤집어썼다. 누구처럼 저 하나 살겠다고 진보를 죽이지도 않았다. 노무현은 자신이 죽어도 진보는 살아야 하기에 그 절망적 순간에 지지자들을 향해 '이제 나를 버리라'고 요구했다.

환유적 상상

조국을 노무현으로 둔갑시키는 데에는 '환유' 역시 동원되었다. 원숭이 엉덩이가 바나나를 거쳐 백두산이 되는 노래가 그런 환유적 상상을 잘 보여준다. 2018년 민주당 경기도지사 후보 경선 때 친문 후보를 지지하던 '문빠'들이 경쟁자인 이재명 후보를 무차별 비방한 적이 있다. 하지 말라고 말리는 내게 그들은 'x 묻었다'며 욕설을 퍼부어댔다. 언젠가 성남시에 강연 갔다가 시장과 잠깐 면담한 적 있는데, 그새 이재명스러움이 내게 옮아 붙었다는 것이다.

앞서 포스터 속의 진보 신통기도 알고 보면 이 환유적 상상의 산물이다. 문재인은 노무현의 친구, 조국은 다시 그 친구의 친구. 노무현의 꿈이 문재인의 운명으로 옮겨지고, 그것이 다시 조국의 사명으로 옮아갔다는 것이다. 하지만 아무리 생각해도 이 세 인물 사이에 공통성은 떠오르지 않는다. 조국과 진중권이 친구라고 어디 하나 닮은 구석이 있던가. 조국·문재인·노무현의 관계란 실은 원숭이 엉덩이와 바나나와 백두산의 관계와 다르지 않다.

노무현 전 대통령은 정말 "꿈"을 가진 정치가였다. 그에게는 저만의 철학과 비전이 있었다. 반면 문재인 대통령은 원래 정치에 뜻이 없었다. 그에게는 그저 노무현의 친구였다는 이유에서 폐족이 된 친노의 복수와 복권을 위해 불려 나올 "운명"이 있었을 뿐이다. 조국 전 장관은 어떤가. 노무현을 닮기는커녕 그는 '노무현'으로 상징되는 가치와는 정반대되는 삶을 살아왔다. 고로 그가 가졌다는 "사명"은 실은 노무현의 '꿈'과는 아무 관계가 없는 것이다.

은유와 환유로 빚은 세계에서 조국은 노무현이 되고 윤석열은 우병우가 되었다. 하지만 조국이 노무현이 아니듯 윤석열은 우병우가 아니다. 외려 정치검사들과는 정반대의 길을 걸어온 게 윤석열이다. 그렇게 살았다고 그를 칭찬했던 그 입들이 갑자기 돌변해 이제는 그가 악마라고 떠들어댄다. 왜? 칼끝이 자기들을 향했기 때문이다. 부패한 권력이 '선'한 척하려면 부패를 잡는 검찰부터 '악'으로 만들어야 한다. 그것이 조국이 맡았다는 "사명"의 실체다.

은유의 효과는 교호적이다

정치적 은유와 환유를 통해 권력은 졸지에 노무현의 후광을 뒤집어썼다. 그 결과 그 지지자들은 부패한 권력에 대해 이루어지는 수사를 곧 노무현에 대한 공격으로 간주하게 되었다. 이것이 정치적 비유의 효능이다. 그들은 비유로 비리를 덮고 특권을 누리며 심지어 '개혁가'라는 칭송까지 듣는다. 그 개혁의 일환으로 법무부에서 증권범죄합동수사단을 폐지했다. 그 심오한 뜻을 우리는 옵티머스 사태가 터진 후에야 알게 됐다.

분석철학자 맥스 블랙에 따르면 은유의 효과는 교호적(交互的)이다. 즉, '그대의 눈은 호수'라고 할 때, 그의 눈에 호수의 이미지가 겹쳐질 뿐 아니라 거꾸로 호수를 볼 때에도 그의 눈이 떠오른다는 것이다. '조국=노무현'이라는 은유도 마찬가지다. 그 은유는 조국에게 노무현 이미지를 덧씌우는 것을 넘어, 거꾸로 노무현에게 조국 이미지를 덧씌우게 된다. 조국을 노무현 만들려다가 노무현을 조국으로 만든 것이다.

'노무현'이라는 상징자산은 그렇게 더럽혀졌다. 문제는 그 짓을 자칭 '어용지식인'이 '노무현재단' 이사장 자격으로 그 재단의 공식채널을 통해 한다는 데에 있다. 굳이 그 일을 해야겠다면 그 자리에서 물러나는 것이 마땅하다. 부패는 어느 정권에나 있으나, 이 정권은 한 가지 점에서 남다르다. 즉, 윤리의 기준 자체를 무너뜨려 아예 불법을 불법이라, 비위를 비위라 부르지 못하게 한다는 점이다. 하늘에서 노무현 전 대통령의 음성이 들려오는 듯하다.

"부끄러운 줄 알아야지!"

한 입으로 두말하는 분열자들

1917년 혁명 직후만 해도 러시아에는 평생 '문자'라는 것을 접해보지 못한 이들이 많았다고 한다. 러시아의 심리학자 알렉산드르 루리아가 그런 이들이 모여 사는 촌락을 찾아가 설문조사를 했다. 결과는 놀라웠다. 글을 모르는 이들의 의식이 글을 쓸 줄 아는 도시 사람들의 의식과는 너무나도 달랐기 때문이다. 말이냐 글이냐. 이에 따라 의식 자체가 달라진다. 이 발견을 영문학자 월터 옹은 이렇게 요약했다. '글쓰기는 의식을 재구조화한다.'

발달된 디지털 기술은 구술문화를 더 강화한다. 페이스북 등 소셜미디어는
문자를 사용하는 소통 방식이지만 입에서 나오는 말을 대화체, 구어체로
그대로 받아 적는다는 점에서 구술적 성격이 강하다.

구술문화의 의식

루리아가 마을 사람들에게 물었다. "눈 덮인 먼 북쪽 지방의 곰은 모두 색깔이 하얗습니다. 노바야 젬블라도 먼 북쪽 지방이며 눈이 덮여 있습니다. 그곳의 곰은 무슨 색일까요?" 문자와 더불어 살아온 우리는 질문 속에 이미 답이 들어 있음을 안다. 하지만 평생 구술문화 속에서 살아온 이들은 당혹스러운 듯 그 물음에 이렇게 답했다. "잘 모르겠는데요. 검은 곰은 봤지만, 색깔이 다른 곰은 본 적이 없어서."

동그라미를 그려 보여주며 무엇이냐고 묻기도 했다. 우리라면 '원'이라 대답할 것이다. 하지만 그들은 그저 접시, 체, 양동이, 시계, 달 등 구체적 사물의 이름을 댈 뿐, '원'이라 답한 이는 아무도 없었다. '당신의 성격을 어떻게 판단하느냐?'라는 물음에는 벌컥 화를 내며 '우리는 잘하고 있어요!'라고 쏘아붙이거나, 혹은 겸연쩍게 '그걸 왜 나한테 물으세요? 다른 사람에게 물어보지'라고 대꾸했다고 한다.

이는 우리에게 익숙한 추론과 추상, 반성의 능력이 타고나는 것이 아니라 문자 사용을 통해 인공적으로 구축된 습관이라는 것을 보여준다. 우리 눈엔 어리석어 보일지 모르나, 사실 저들의 반응이야말로 자연스러운 것이다. 생각해보라. 경험에 의탁해 살아가는 이들이 가본 적도 없는 곳의 곰의 색깔을 어떻게 알겠는가? 또 접시와 시계와 달에서 굳이 원을 떠올릴 이유가 뭐 있으며, 자기에 대한 평가는 원래 타인이 하는 거 아닌가?

구술사회의 항상성

월터 옹은 구술문화의 또 다른 특성으로 '항상성(homeostasis)'을 꼽는다. "구술사회는 '항상적'이라는 특징이 있다. 구술사회는 늘 현재에 살기에, 이제는 필요 없게 된 기억을 지움으로써 평형 혹은 항상성을 유지한다." 구술사회는 늘 현재를 중심으로 과거의 기억을 재편한다는 것이다. 그들이 지금 필요 없는 기억을 지워버려도 되는 것은 물론 말은 글과 달라서 발화되는 순간 공기 속으로 사라져버리기 때문이리라.

일례로 영국 통치하에 있던 나이지리아 티브족 사이에 법적 분쟁이 일어났다. 그런데 법정에 증거로 제시된 부족의 족보가 40년 전 소송에 기록된 것과 달라진 것으로 드러난다. 부족의 성원들이 역사를 구전하는 과정에서 그때그때 상황에 맞춰 불필요한 기억을 지웠기 때문이다. 그럼에도 티브족은 자신들이 태고로부터 늘 같은 족보를 사용해왔다고 주장했다. 과거의 법정 기록을 들이대도 소용없었다. "기록이 잘못된 겁니다."

가나 곤자국의 시조 작파는 나라를 일곱 지역으로 분할해 일곱 아들에게 나눠 다스리게 했다. 훗날 그중 한 지역은 다른 쪽에 병합되고, 또 한 지역은 국경 조정으로 사라진다. 그러자 노래로 전승되는 부족의 역사가 달라졌다고 한다. 부족 사람들이 작파에게는 원래 아들이 다섯이었다고 노래하기 시작한 것이다. 그들에게는 과거에 대한 쓸데없는 호기심보다 현재의 상황이 훨씬 더 중요했던 것이다.

구조적 망각의 실천

구술사회는 이렇게 '현재'를 살기 위해 늘 '구조적 망각'을 실천한다. 이 구술문화가 디지털 테크놀로지와 더불어 되돌아온 모양이다. 사실 유튜브는 말할 것도 없고, 문자를 사용한 인터넷과 SNS 소통도 강한 구술성을 띤다. 입에서 나오는 말을 대화체·구어체로 그대로 받아 적는 것에 가깝기 때문이다. 과연 월터 옹의 말대로 매체는 의식을 재구조화하나 보다. 실제로 사람들의 의식이 급격히 구술적으로 바뀌어가고 있다.

일례로 2019년 검찰총장 인사청문회 당시 '뉴스타파'에서 윤석열 후보의 장모와 관련된 의혹을 보도한 적이 있다. 그 기사 밑에는 이런 댓글이 달렸다. "장모가 무슨 짓을 하는지 사위가 어떻게 알아. 기자들은 너그들 장모 사생활을 다 아니?" 그런데 이 글을 올린 그 사람이 최근에는 이런 댓글을 올렸다. "윤석열 장모는 기소도 안 했다며? 동영상 증거가 있어도 김학의는 무죄. 한국에서 법이란 검사를 위한 끼리끼리 해먹는 것?"

비슷한 사례는 많다. "장모 하는 일을 사위가 알아야 하냐?"라고 따지던 이가 지금은 그를 "김선달보다 더 사기꾼"이라 부른다. "윤석열이 있어 검찰의 앞날을 밝게 본다"던 이가 지금은 "수십 곳 압수수색하던 놈이 수백억 잔고증명 위조한 것은 모른 척하냐?"라고 타박이다. "장모를 공격한다는 것 자체가 본인 흠결이 얼마나 없는지" 보여준다던 이가 지금은 "잔고증명 조작이 불법인 걸 모를 리도 없거니와 설사 몰랐더라도 처벌의 대상"이라고 말한다.

이 모두는 어느 포털사이트에서 사용자 댓글 이력을 공개하기로 방침을 바꾸는 바람에 드러난 사례다. 이렇게 과거에 했던 발언이 드러나도, 저들은 아마 자기들은 결코 말을 바꾼 적이 없다고 잡아뗄 게다. 이 항상성이 바로 구술적 의식의 특징이다. 아니나 다를까. 저 댓글들을 캡처해 페이스북에 올리자 곧바로 이런 댓글이 올라온다. "두 글이 그렇게도 반대되는 글인가. 같은 입장이라도 상황에 따라 저렇게 쓸 수 있는 것 아닌가."

영원한 현재에 산다

악플러들만의 일이 아니다. 그 의혹을 직접 취재해봤다는 주진우 기자는 이렇게 말한 바 있다. "제가 이 문제를 제기하는 사람에게 자료도 받고 정리도 하고 취재를 해봤다. 깊게 해봤는데 신빙성이 하나도 없다. 문제 제기한 사람은 대법원에서 벌금 1,000만원 유죄 확정을 받았다. 그러니까 장모에 대해 막 이야기하는 것은 굉장히 위험한 일이다. 자동으로 명예훼손에 걸릴 사안이다." 이 발언 역시 기자의 머리에선 벌써 지워졌을 게다.

요즘 윤석열 총장을 "식물총장"이라 조롱하는 재미에 사는 유시민 작가. 그런 그도 2016년 박영수 특검 때는 그를 '명언제조기'라 극찬했었다. "저는 조직에 충성하는 사람이지 사람에게 충성하는 사람이 아닙니다." 유 작가가 '명언'이라 평가했던 이 발언이 지금은 제 업무엔 별 관심 없어 보이는 어느 정치검사에게 "조폭논리" 취급을 당한다. 왜들 그럴까. 이게 다 과거에 얽매이지 않고 '현재'를 치열하게 살려는 몸부림이다.

추미애 법무부장관은 7년 전에 이렇게 말했다. "열심히 하는 채동욱 검찰총장을 내쫓고 국정원 대선개입 수사책임자인 윤석열 팀장을 내쳤다." 그랬던 그가 지금 수사검사를 내치고 총장마저 내쫓으려 한다. 전임인 조국 전 장관도 그때 한마디 보탠 것으로 기억한다. "채동욱·윤석열 찍어내기로 청와대와 법무장관의 의중은 명백히 드러났다. 국정원 개입 수사를 제대로 하는 검사는 어떻게든 자른다는 것. 무엇을 겁내는지 새삼 알겠구나!"

검찰총장을 공수처의 '제1호 수사대상'으로 삼겠다고 협박하는 전직 청와대 공직기강비서관. 그의 인사검증을 담당한 게 자신이라는 사실을 기억에서 벌써 지웠다. 대통령까지 이 '구조적 망각'을 실천한다. 검찰총장을 임명하며 그는 이렇게 당부했다. "우리 청와대든 정부든 집권 여당이든 만에 하나 권력형 비리

윤석열 검찰총장을 둘러싼 여권의 시각은 조국 사태 이후 180도 바뀌었다. 박근혜 정부 당시 국정원 대선개입 사건을 열심히 수사했을 때는 그의 대쪽 같은 성품을 치켜세우더니, 수사의 칼날이 현 정권을 겨냥하자 태도를 바꿔 윤석열에 대한 비판을 쏟아내는 모습이다.

가 있다면 그 점에 대해서는 정말 엄정한 자세로 임해주시길 바란다." 이 말이 그의 머리에서 지워지는 데에는 채 두 달이 걸리지 않았다.

개인에서 분열자로

사실 디지털 구술성은 과거의 구술성과는 다르다. 과거의 말은 하는 순간 사라지나, 오늘날의 말은 발화되어도 매체에 그 흔적이 고스란히 남기 때문이다. 하지만 그런다고 상황이 달라지는 것은 아니다. 티브족에게 법정 기록을 들이대도 별 소용이 없었듯이, 그 흔적이 그들을 망각에서 깨워주지는 못할 것이다. 문제는 구조적 망각을 통해 유지되는 이 구술적 항상성이 논리적·정합적 사유의 주체로서 인간의 관념을 해체시킨다는 데에 있다.

'개인'을 의미하는 영어 단어는 '나눌 수 없다(in-dividual)'라는 뜻을 갖고 있다. 즉 개인이란 정신의 통일성과 일관성을 갖춘 사람이라는 이야기다. 그런 의미에서 '개인'은 문자문화가 이룩한 위대한 성취였다고 할 수 있다. 적어도 '개인'은 'A=not A' 따위의 실없는 소리는 하지 않는다. 반면 구술적 의식의 소유자들은 그 모순을 끌어안고 살아갈 수 있다. 특유의 항상성으로 지금 불편하거나 불필요한 기억을 지우는 데에 익숙하기 때문이다.

　　　　　　　　　　　　　　　　　　　제2부 팬덤의 정치

한 입으로 두말할 때 정신은 분열된다. 되돌아온 구술문화는 이렇게 불가분자(individual)로서 개인을 분열자(dividual)로 해체시킨다. 영화 〈메멘토〉의 주인공처럼 그들은 과거의 기억을 지우고 영원한 현재에 산다. 치열하게 현재를 살기 위해 주기적으로 구조적 망각을 수행하는 분열자들의 집단 속에서, 애써 사유의 일관성을 유지하려는 개인들은 당연히 고독할 수밖에 없다. 요즘 그들은 온통 좀비들에 둘러싸여 사는 느낌일 게다.

제3부

광신, 공포, 혐오

'이 세상의 신' 노릇을 하는 그들

신천지 교단이 신종 코로나바이러스 감염증의 슈퍼 전파자로 떠올랐다. 좁은 공간에서 밀착식 예배를 드리고 신도들이 거의 매일 교통(交通)하는 독특한 문화 때문이란다. 이들은 신분과 행적을 감추고 있어 방역당국이 감염원 추적에 애를 먹었다. 이들이 잠입시킨 '추수꾼'으로 인해 애먼 제도권 교회들까지 행여 바이러스에 전염되지 않을까 우려하고 있다. 그러는 가운데 교주 이만희 씨는 신도들에게 메시지를 보내 "금번 병마 사건은 신천지가 급성장함을 마귀가 보고 이를 저지하고자 일으킨 마귀의 짓"이라고 주장했다.

2020년 2월 신천지 교도들을 중심으로 걷잡을 수 없이 확산된 코로나19 사태에 대해 신천지 교주 이만희는 어떠한 유감 표명도 없이 "마귀가 벌인 짓"이라는 책임 회피식의 발언으로 비난을 샀다(왼쪽). 코로나19 확산으로 정부가 대규모 행사 자제를 권고했음에도, 문재인하야범국민투쟁본부 (범투본)는 2020년 2월 23일 서울 광화문광장에서 대규모 집회를 강행했다. 전광판의 '주와 함께라면 병들어도 좋아'라는 노래 가사가 눈에 띈다.

눈에 보이는 신

'이단'만이 아니다. 기성 교단의 목사들도 비슷한 이야기를 한다. 창원의 어느 목사는 "중국 시진핑이 하나님 눈에 악한 정책을 만들었다"라며 "전염병은 범죄한 백성들과 그 시대에 대한 하나님의 징벌로, 하나님이 지금 중국을 때리고 시진핑을 때리는 것"이라 주장했다. 새로운 일이 아니다. 그동안 대형 교회 목사들은 큰 재해가 있을 때마다 빠지지 않고 주옥같은 망언을 해왔기 때문이다. 그들의 의식 속에서 동남아 쓰나미는 "이교도에 대한 하나님의 심판"이요, 뉴올리언스 홍수는 "동성애에 대한 하나님의 징벌"이다.

이렇게 재해를 '신의 징벌'로 해석하는 것은 명백히 중세적이다. 중세인은 신이 자연의 운행에 직접 개입한다고 믿었다. 이 믿음이 얼마나 끈질겼던지 근대에 들어와서도 과학 논문에 신이 등장하곤 했다. 태양계의 운동을 역학으로 설명한 뉴턴마저 여전히 이 운동의 '원동자'로서 신의 존재를 가정한 바 있다. 과학에서 신이 사라진 것은 19세기 이후의 일이다. 태양계 형성에 관한 라플라스의 논문을 읽은 나폴레옹이 저자에게 왜 논문에 신이 빠져 있냐고 물었다. 대답은 간단했다. "제게 신이라는 가설은 필요 없습니다."

그 후 신은 구약의 말씀대로 '숨은 신'이 되었다. "진실로 주는 스스로 숨어 계시는 하나님이시니이다."(이사야 45:15) 오늘날 우리는 자연현상을 설명하는 데에 신이라는 가설을 사용하지 않는다. 창세기는 빅뱅이론으로, 창조론은 진화론으로 대체되었다. 코로나19도 발생의 원인부터 확산의 과정, 나아가 치료법까지 과학의 힘으로 얼마든지 밝혀낼 수 있다. 그 현상을 설명하는 데에도 굳이 신이라는 가설을 끌어들일 필요가 없다. 자연의 모든 현상은 이미 과학으로 설명이 가능하거나, 아니면 언젠가는 설명이 가능할 것이다.

그럼 신은 존재하지 않는가. 그렇지 않다. 그저 "숨어 계시는" 것뿐이다. 최초의 우주비행사 유리 가가린은 지구 궤도를 돌며 '여기 우주에 신은 없다'라고 한 것으로 알려져 있다. 하지만 이는 소련 정부의 프로파간다일 뿐이다. 실제로 그는 세례를 받은 독실한 정교회 신자였다고 한다. 아폴로11호의 비행사들도 달에서 신을 만나지는 못했다. 하지만 암스트롱과 함께 월면차를 탔던 올드린은 교단의 허락을 받아 달 위에서 혼자 성만찬식을 올렸다. 지금도 신은 존재한다. 그저 보이지 않게 숨어 계실 뿐.

숨은 신을 끌어내는 사이비 종교

우주비행의 시대에도 여전히 신이 살아 있는 이유는 뭘까. 과학이 답하지 못하는 물음들이 아직 남아 있기 때문이리라. 가령 죽음의 공포를 어떻게 극복할 것인가. 이 물음 앞에서 과학은 완벽히 무력하다. 이때 종교는 인간에게 부활과 영생을 약속한다. 삶의 근원적 부조리는 어쩔 것인가. 천하의 악당이 부귀를 누리고 선한 자들은 고통스러운 삶을 산다. 인간의 정의를 피한 자들은 신의 심판에 맡길 수밖에. 그래서 종교는 천국과 지옥을 발명한 것이다. 그 일을 과학이 할 수는 없지 않은가.

게다가 인간의 과학이나 기술에는 한계가 있다. 그 한계 너머의 일들을 우리 연약한 인간들은 신에게 맡긴다. 그 때문에 진화론을 가르치는 생물학자, 빅뱅 이론을 가르치는 물리학자가 교회에 나와 "천지를 만드신 하나님 아버지"를 믿는다고 고백하는 것은 전혀 이상한 일이 아니다. 외려 '창조과학자'들이야말로 뿌리 깊은 무신론자들이다. 성경에 믿음이 "보지 못하는 것들의 증거"(히브리서 11:1)라 했거늘, 온갖 궤변으로 눈에 뵈는 증거를 찾으려 하는 것은 그들이 신보다 과학을 더 신뢰하기 때문이리라.

사이비 종교일수록 숨은 신을 끌어내 사람들에게 현시하려는 경향을 보인다. "여러분 중 바이러스 걸린 사람이 있느냐. 그럼 다음 주에 예배에 오라. 주님이 다 고쳐주실 것이다." 직접 하나님의 목소리를 듣는다는 전광훈 목사의 말이다. "대구 목사님들, 정부가 예배 드리지 말라고 해서 그렇게 하는 당신들이 목사들이냐." 흑사병이 돌던 시절 중세인들은 역병을 하나님이 내린 징

벌이라 믿고 교회에 모여 집단적으로 회개의 기도를 올렸다. 결과는 참혹했다. 신은 이들을 고쳐주지 않았다.

신의 '존재하심'을 믿는다는 것이, 고작 하얀 수염 달린 이가 저 하늘에서 우리를 늘 내려다본다는 유치한 판타지를 믿는 것일까. 신의 '역사하심'을 믿는다는 것이 고작 그 영감이 수틀리면 이 땅에 역병을 내린다는 황당한 이야기를 믿는 것일까. 하나님을 인간이 과학이나 기술로 해결해야 할 영역에까지 개입하는 주책없는 존재로 만들어버리는 것이야말로 신을 희화화하는 독신(瀆神)일 뿐이다. 숨은 신은 하늘 '저 높은 곳'이 아니라 우리 안의 '저 깊은 곳'에 계신다. 그리고 거기서 역사하신다.

기독교, 중세적 광신에서 벗어나라

25년 전 유학 중에 다니던 교회의 성도가 내게 고민을 털어놨다. 어느 대학으로부터 '교수를 시켜줄 테니 1억을 내라' 하는 제안을 받았는데 어떻게 하면 좋겠냐는 것이다. 바로 며칠 전 그가 교회에서 눈물을 흘리며 신앙간증을 하는 장면을 목격했던 터라 그에게 퉁명스럽게 되물었다. "예수님이라면 뭐라고 하셨을 것 같아요?" 말리셨을 것 같단다. 그럼 하지 말라고 했더니 '남들 다 그렇게 사는데, 그럼 나는 어떻게 먹고사느냐?' 하며 걱정이다. 걱정하는 그에게 마태복음의 말씀을 들려주었다.

> 공중의 새를 보라 심지도 않고 거두지도 않고 창고에 모아들이
> 지도 아니하되 너희 하늘 아버지께서 기르시나니 너희는 이것
> 들보다 귀하지 아니하냐. (…) 들의 백합화가 어떻게 자라는가
> 생각하여보라. 수고도 아니하고 길쌈도 아니하느니라. 그러나
> 솔로몬의 모든 영광으로도 입은 것이 이 꽃 하나만 같지 못하였
> 느니라. 오늘 있다가 내일 아궁이에 던져지는 들풀도 하나님이
> 이렇게 입히시거든 하물며 너희일까 보냐. 그런즉 너희는 먼저
> 그의 나라와 그의 의를 구하라. (마태복음 6:25~34)

그러니 걱정할 것 없이 "먼저 그의 의"를 구할 일이다. 공중
의 새와 들판의 백합까지 돌보시는 분이 하물며 우리를 외면하
시겠는가. 정말로 신이 '존재'한다고 믿는 사람이라면 이 약속을
믿어야 한다. 신비체험은 신앙의 본질이 아니다. 방언의 은사를
입었다 한들 사는 방식이 바뀌지 않았다면 그는 아직 신을 안
믿는 것이다. 곤궁과 핍박이 예상되더라도 말씀을 믿고 "먼저
그의 의"를 구할 때 비로소 이 땅에 "그의 나라"가 세워지는 것
이다. 신은 이렇게 숨어서 세상에 '역사'하신다.

성서와 우리 사이에는 엄청난 지역적·시간적 간극이 존재한
다. 그 때문에 신이 고대 이스라엘 민족에게 하신 말씀을 오늘날

제3부 광신, 공포, 혐오

의 한국인을 위한 메시지로 번역하는 데에는 정교한 해석의 작업이 필요하다. 하지만 사이비 목자들에게 그런 해석학적 능력이 있을 리 없다. 그래서 그들은 성서를 축어적으로(글자 그대로) 읽는다. 그 결과 고대인의 세계관이 현대를 사는 신도들의 머리를 지배하게 되고, 맹신과 광신에 빠진 신도들은 종교적 상징과 비유를 그대로 물리적 현실로 받아들이게 되는 것이다.

"예수의 이름으로 명하노니 코로나여 물러가라." 방역이 심각 단계로 올라가던 날 한기총 회장은 광화문에 신도들을 모아놓고 이렇게 외쳤다. 파도를 꾸짖어 잔잔케 한 예수의 기세다. 신천지와 한기총은 서로 적대하나 두 단체의 총회장 사이에는 공통점이 있다. 둘 다 "이 세상의 신"(고린도후서 4:4) 노릇을 한다는 점이다. 전광훈 목사는 한국의 기독교가 아직 종교성의 현대적 수준에 이르지 못했음을 말해준다. 개신교 일각의 이 중세적 광신이야말로 이 땅에 횡행하는 수많은 이단의 밑거름인지도 모른다.

왕의 목을 베라

아주 옛날 로마의 동남쪽 19킬로미터 지점에 '네미의 숲'이라 불리는 성소(聖所)가 있었다. 그 숲의 빈터에는 커다란 나무가 서 있고 그 주위를 늘 "음산한 형상"이 배회하고 있었다. 손에 칼을 들고 주위를 두리번거리는 이 미치광이 같은 사내는 '숲의 신', 당시에는 '숲의 왕'이라고도 불렸다. 그가 기다리는 것은 도전자였다. 누구든 그 나무에 붙어 자라는 '황금가지'(기생식물)를 꺾은 이는, 이미 쇠약해진 이 늙은 사제를 해치우고 사제의 직에, 즉 왕의 자리에 오를 수 있었다.

옛날 로마의 동남쪽 '네미의 숲' 빈터에는 커다란 나무가 서 있고 그 주위를 늘 "음산한 형상"이 배회하고 있었다. 그림은 J. M. W. 터너의 〈황금가지〉, 1834.

자연에 왕을 바치다

이 관습은 왜 생겼을까. 과학도 기술도 없던 시절 인간이 자연을 통제하는 유일한 방법은 주술이었다. 자연을 통제할 수 없었을 때 인간은 자연의 모상(模像)을 만들었다. 모상을 조작함으로써 자연을 제어할 수 있다고 믿었기 때문이다. 가령 가슴과 엉덩이가 풍만한 여인상을 만들면, 정말 현실의 여인들이 출산과 수유에 적합한 신체를 갖게 된다는 것이다. 물론 효험이 있었을 리 없지만, 이 주술적 믿음이 자연의 횡포 속에서 살아가는 그들에게 적어도 심리적 안정감은 주었을 것이다.

아득한 옛날 농사는 전적으로 자연의 변덕에 내맡겨졌다. 하지만 대지가 늘 풍성한 수확을 안겨주는 것은 아니어서, 땅에 풀한 포기 자라지 않는 해도 있었을 게다. 이 문제를 해결하기 위해 선사인(先史人)들은 자연의 모상을 세우기로 했다. 그것이 바로 자연의 생장력을 상징하는 왕이다. 왕이 젊고 건강한 한 자연도 생장력을 유지한다. 하지만 왕도 인간인지라 언젠가는 노쇠해지기 마련이다. 그래서 고대인들은 왕을 주기적으로 살해하고 그자리에 젊은 왕을 세운 것이다.

처음에는 왕이 나이가 들면 무조건 살해했다. 하지만 후에는 관습이 바뀌어 나이 든 왕에게도 방어권을 주게 된다. 젊은이의 도전을 물리친다면 여전히 생장력을 잃지 않은 것으로 인정하겠다는 것이다. 네미의 숲을 배회하는 "음산한 형상"은 바로 이 시기 왕의 모습이라 할 수 있다. 다시 세월이 흘러 왕권이 강화되면서 제의는 점차 왕이 자기 대신 제 아들을 죽이는 것으로 바뀐다. 거기서 시간이 더 흐르면 이 인신공희(人身供犧)의 관습은 사람 대신 양이나 염소를 바치는 '희생양 제의'로 변모한다.

사람 대신 인형의 목을 쳐서 땅에 묻는 경우도 있었다. 어떤 곳에서는 밀짚으로 인형을 만들어 겨우내 들판에 세워두었다가 봄이 오면 목을 베고 불태워 그 재를 밭에 뿌리기도 했다. 그래야 풍작이 든다고 믿었기 때문이다. 가을 들판의 허수아비도 원래 왕 대신 목이 잘렸던 이 인형에서 유래했을 게다. 이를 뒷받침하는 문헌적 근거도 있다. 일본에는 쿠에비코(久延毘古)라는 신이 있다.《고사기》(712년경)에 따르면 지혜와 농경을 관장하는 이 신이 바로 걷지 못하는 허수아비였다고 한다.

현대의 주술, 모상의 저주

흔히 사람을 이롭게 하는 주술을 '백(白)주술', 사람을 해치는 것을 '흑(黑)주술'이라 부른다. 목적은 서로 달라도 모상을 통해 실물을 지배한다는 발상은 한가지다. 문자가 발명되고 문명이 시작되어도 주술은 사라지지 않았다. 성리학이 지배하던 조선에서도 왕궁에서 주술을 이용한 저주 사건은 끊이지 않았다. 사극에는 종종 장희빈이 인현왕후의 초상이나 인형에 활을 쏘는 장면이 등장한다. 꾸며낸 이야기라 하나, 이 이야기는 어쨌든 모상을 통해 실물을 지배한다는 주술적 관념을 잘 보여준다.

이 모두 아득한 고대의 관습일 뿐이지만, 아직도 이 원시적 심정은 남아 있나 보다. 특히 우리나라에서는 이 신석기 제의를 자주 본다. 유신 시절 반공집회의 피날레를 장식하던 김일성 화형식. 이 관습은 최근 김정일을 거쳐 김정은 화형식으로 3대 세습을 마쳤다. 그런가 하면 반대쪽 사람들은 5·18 특별법을 제정하라며 전두환 인형을 만들어 태운다. 물론 이들이 주술의 효험을 믿는 것은 아닐 것이나, 적어도 실물을 죽이고 싶은 그 심정만은 풍작을 바라는 고대인들의 염원 못지않게 절실할 게다.

탄핵 촛불집회에도 이 원시적 제의는 어김없이 등장했다. 누군가 박근혜 전 대통령의 머리인형을 막대기 끝에 달아서 들고 나온 것이다. 이제까지 경험한 집회문화 중에서 이 효수극(梟首劇)보다 더 끔찍한 것은 없었다. 2019년 12월에는 한 반미단체에서 해리스 미국 대사 '참수경연대회'를 열었다. 하지만 이 몰취향에 비난이 쏟아지자 결국 참수극은 대사의 콧수염을 뽑는 것으로 대체되었다. 행사가 계획대로 진행되었다면 그들이 다양한 방법으로 해리스 인형의 목을 따는 꼴불견을 봐야 했을 것이다.

왕의 목을 베라

왕의 목을 베는 관습에는 이미 '희생양 제의'의 요소가 포함되어 있다. 흉작이 들면 왕은 살해되어야 하기 때문이다. 그의 생장력이 다했다는, 이보다 확실한 증거가 어디 있는가. 과학이 없던 시절 사람들은 '원인'을 찾는 대신 '범인'을 찾아 제거하는 것으로 문제를 해결하려 했다. 조선시대에도 기근이 들면 왕이 이를 자신의 부덕(不德)으로 여겨 머리를 풀고 거적 위에 앉아 석고대죄를 했다지 않는가. 중세의 마녀사냥 또한 이상저온으로 인한 대흉작이 그 배경이었다고 한다.

지금이라고 다른가. 코로나19가 확산되자 원인이 아니라 범인부터 찾는다. 범인은 물론 대통령. 이게 다 대통령이 중국을 봉쇄하라는 어느 이익단체의 말을 따르지 않은 탓이란다. 유럽에서 유일하게 중국 직항을 폐지한 이탈리아는 전 세계 바이러스의 중심지가 되었다. 미국 역시 멕시코에 장벽 쌓듯 중국부터 봉쇄했으나 동서남북으로 다 뚫렸다. 두 나라의 연구진이 유전자 시퀀싱을 해보니 바이러스는 이미 봉쇄 2주 전에 들어와 확산을 계속하고 있었단다.

우리나라에서 중국인에 의한 내국인 감염의 사례는 발견되지 않았다. 밝혀진 것은 모두 내국인에 의한 감염이다. 3월 4일 현재 대구 경북에서만 확진자가 무려 4780명. 하지만 중국을 봉쇄하라고 외쳤던 누구도 중국의 우한이나 이탈리아의 롬바르디아처럼 대구를 봉쇄하라고 말하지 않는다. 그저 사태를 대통령 탓으로 돌리려 신천지 관련성을 애써 부정하거나 축소하려 할 뿐이다. 그들의 해법은 하나, 왕의 목을 치는 것이다. 대통령 탄핵 국회 청원이 동의자 10만을 넘겨 상임위에 회부되었다.

문제는 이 주술적 사유가 사태의 과학적 해결을 방해한다는 데에 있다. 미래통합당에 따르면 신천지는 '범인'이 아니다. 그 말은 옳다. 하지만 그 말을 하려고 신천지가 '원인'이라는 명백한 사실까지 뭉개야 하는가. 중국의 바이러스 재생산지수 2~3, 신천지는 그 세 배인 7~10. 엄청난 밀착접촉이 일상적으로 행해졌다는 이야기다. 그런데도 야당 대표는 대통령을 만나 중국 봉쇄만 요구했다. 한국의 확진자 수가 중국 각 성의 그것을 넘어서 외려 한국인이 거기서 거부당하는 시점에 말이다.

이런 태도는 방역에 혼란을 줄 뿐이다. 일본과 이탈리아를 포함해 외국 유입 확진자는 0.8퍼센트에 불과하다. 3월 3일 기준으로 확진자의 90퍼센트는 대구·경북에서 나왔고, 그 중심엔 확진자 2685명의 신천지가 있다. 중국인 유학생 가운데서 확진자가 한 명 나오자 어느 종편에서는 "중국 입국 금지 필요 없다는 청와대의 논거가 깨졌다"라고 주장했다. 중국인 확진자가 무려 한 명씩이나 나왔는데 중국 문 닫을 생각은 안 하고, 확진자가 겨우 4000명밖에 안 나온 대구 신천지에 집중하느냐는 어이없는 타박이다.

집권 여당도 다르지 않다. 잘못이 있든 없든 대통령은 결과에 무한책임을 져야 한다. 하지만 이 당연한 책임을 면하려 그들은 신천지를 '범인'으로 지목했다. 서울시장은 심지어 그를 '살인죄'로 고발까지 했다. 하지만 신천지 신도들은 일부러 바이러스를 퍼뜨린 '범인'이 아니다. 저도 모르게 감염의 '원인'이 됐을 뿐이다. 질병관리본부에서도 "지자체장들의 강제수사 요구가 그들을 음성화시켜 방역을 더 어렵게 할 뿐"이라고 밝혔다. 정치적 주술은 이렇게 방역을 방해할 뿐이다.

지금 필요한 것은 선거의 표를 늘리는 정치적 주술이 아니다. 다음에 올 바이러스에 더 잘 대처하게 해줄 방역의 과학이다. 외국에서는 한국의 투명한 정보공개와 공격적 방역 태세를 평가한다. 중국과 달리 우리는 대구를 봉쇄하지 않았다. 이것이 민주주의와 전체주의의 차이다. 당국을 믿고 책임은 나중에 논하자. 어차피 책임은 대통령에게 돌아간다. 예나 지금이나 분노하고 좌절한 이들은 책임을 물을 범인을 원하기 때문이다. 믿어도 된다. 인간은 생각보다 많이 진화하지 않았다.

13   파니코스

공포와 혐오의 정치학

고대 그리스에는 '판(Pan)'이라는 존재가 있었다. 지금 이야 지구 위에 인간과 짐승만 살지만, 고대 그리스인들의 세상에는 그 외에도 다양한 거주자가 있었다. 제우스나 헤라와 같은 신들도 있었고, 에로스처럼 신과 인간 사이에서 태어난 반신반인(半神半人)도 있었다. 켄타우로스나 미노타우로스 같은 반인반수(半人半獸)도 그들과 섞여 살았다. '판'은 그 형상으로만 보면 영락없이 반인반수이나 그리스인들은 인간의 상체와 염소의 하체, 머리에 뿔이 달린 그를 목축과 음악의 신으로 여겼다.

신화 속의 판은 평소엔 팬플루트를 불며 조용히 숲속을 거니는 온순한 존재
이나 좋아하는 낮잠을 방해받아 깨면 버럭 큰소리를 질렀다. 그럴 때면 새
와 짐승이 소스라치게 놀라 떼를 지어 도망가곤 했는데 그 모습을 그리스의
저자들은 '파니코스(panikos)'라 불렀다고 한다. 이 '파니코스'에서 유래
한 것이 '패닉(panic)'이라는 단어다.

'목신의 오후' 깨트리는 파니코스

드뷔시의 교향시 〈목신의 오후〉에 나오는 '파우나(Fauna)'는 판의 로마식 이름이다. 이 곡은 스테판 말라르메의 시에서 얻은 감흥을 음악으로 옮긴 것이라 한다. 이 시에서 판은 낮잠을 자다가 잠이 덜 깬 몽롱한 상태에서 요정들이 목욕하는 광경을 목격한다. 어떤 알 수 없는 힘에 이끌려 그는 두 요정을 끌어안고 관능적 희열에 빠져든다. 순간 환상의 요정들은 어디론지 사라지고, 그의 무거운 육체는 "정오의 씩씩한 침묵" 앞에 쓰러진다. 그리고 목신은 "목마른 모래 위에서" 다시 잠에 빠져든다.

신화 속의 판은 평소엔 팬플루트를 불며 조용히 숲속을 거니는 온순한 존재이나 좋아하는 낮잠을 방해받아 깨면 버럭 큰소리를 질렀다. 그럴 때면 새와 짐승이 그 소리에 소스라치게 놀라 떼를 지어 도망가곤 했는데 그 모습을 그리스의 저자들은 '파니코스(panikos)'라 불렀다고 한다. 그런가 하면 판이 그 유명한 마라톤 전투에서 아테네 편에 서서 싸웠다는 이야기도 있는데, 그를 본 페르시아 병사들이 겁에 질려 줄행랑을 쳤다고 한다. '파니코스'는 이렇게 현현한 신과 마주치는 공포를 가리키기도 했다.

이 '파니코스'에서 유래한 말이 '패닉(panic)'이라는 단어다. 케임브리지 사전에 따르면 패닉이란 "갑작스레 찾아와 이성적 사고나 행동을 방해하는 강한 공포감"이다. 패닉은 개인적으로 찾아오기도 하고 집단적으로 벌어지기도 한다. 건강한 이도 일생에 몇 번은 패닉을 겪는다고 한다. 물론 그 일이 너무 자주 일어나면 병원에서 '공황장애(panic disorder)' 진단을 받게 된다. 한편이런 의학적 맥락의 밖에서 '패닉'이라는 말은 대개 갑자기 집단적으로 발생하는 사회적 공포를 가리키는 데에 사용된다.

패닉은 사람의 이성을 마비시켜 논리적 사고를 할 수 없게 만든다. 공포에 사로잡힌 이는 극도의 흥분에 빠져 원시적 본능으로 상황에 대처하기 마련이다. 그 본능에 따른 행동의 하나는 '도망'이다. 앞에서 이야기한 '파니코스'의 두 예화에서는 모두 '떼를 지어 도망간다'라는 모티프가 등장한다. 전형적인 패닉 행동이다. 다른 하나는 '싸움'. 일단 패닉에 빠지면 극도의 불안에 빠져 모든 것이 제 생존을 위협하는 존재로 보이기 마련이다. 그 대상에서 도망갈 수 없을 때 할 수 있는 것은 그저 공격뿐이다.

이번 코로나19 사태를 예로 들어보자. 사람들은 바이러스로부터 도망치기 위해 마스크 사재기에 나섰다. 나중에 견해를 수정했지만 당시는 아직 세계보건기구(WHO)에서 건강한 사람의 마스크 착용을 권할 때가 아니었다. 사람들은 약국 앞에 줄을 늘어섰고, 그 줄에는 심지어 확진자까지 끼어 있었다. 생존의 본능에 따른 행동일 게다. 공포는 사람을 공격적으로 만든다. 호주와 일본에서는 마스크와 화장지를 사려던 이들 사이에 난투극이 벌어졌다는 소식도 들린다.

패닉이 부른 인종주의 혐오

패닉과 바이러스는 서로 닮았다. 패닉도 바이러스처럼 전염성이 강해 한 사람의 패닉이 순식간에 집단으로 번지기도 한다. 발달한 IT기술은 원자화한 개인의 패닉을 전국적·전 지구적 규모로 금방 확산시킨다. 사회적 패닉의 발생에 결정적 역할을 하는 것은 왜곡된 정보와 조작된 뉴스다. 전염병(epidemics)보다 무서운 것이 바로 정보전염병(infodemics)이라지 않는가. 문제는 이 패닉이 이성의 성취를 뒤엎고 문명사회에 온갖 종류의 원시적 감정과 야만적 행동을 다시 불러들인다는 데에 있다.

얼마 전 이탈리아 한 주유소에서는 중국인이 "너는 바이러스를 가졌으니 들어오면 안 된다"라는 말과 함께 직원에게 병으로 머리를 얻어맞는 일이 벌어졌다. 호주에서는 중국 유학생이 현지인에게 맞아 광대뼈가 함몰되었다. 런던에서는 싱가포르 유학생이 현지인 청년들에게 얼굴에 피멍이 들도록 얻어맞았다. 네덜란드에서는 자전거를 타고 가던 한국인 여성이 두 남자에게 "중국인"이라는 말과 함께 폭행을 당했다. 독일에서도 두 명의 중국 여성이 길을 가다가 독일 여성에게 폭행을 당했다.

이런 단발성 범죄보다 더 무서운 건 보통 사람들이 습관처럼 행하는 일상의 폭력이다. 프랑스의 한 일간지는 기사에 "황색경보(alerte jaune)"라는 표제를 달았다. 아시아인들이 유럽에 화를 가져온다는 19세기 황화론(黃禍論, péril jaune)의 재판이다. 유럽의 여러 곳에서 아시아인들이 바이러스로 여겨져 기피당하고, 캐나다에서는 아시아계 아이들이 급우들에게 놀림감이 되었다. 뉴욕의 지하철에서는 한 흑인 청년이 아시아계 청년을 바이러스 취급하며 스프레이를 뿌리는 일도 있었다.

이 모든 폭력의 바탕엔 '바이러스=중국인=아시아인'이라는 부당한 등식이 깔려 있다. 공포에 사로잡힌 마음이 바이러스의 역학을 이해할 리 없다. 그래서 이해하기 힘든 '원인' 대신 당장 눈에 띄는 '범인'을 색출하려 원시적 희생양 제의를 벌이는 것이다. 그들에게 감염의 원인을 제거하는 것은 곧 범인을 제거하는 일. 그리하여 범인으로 지목된 인간집합을 배제하려다가 그게 안 되면 그 집합의 원소들을 공격하는 것이다. 패닉에 빠지면 이렇게 아득한 고대의 원시적 행동양식으로 퇴행하게 된다.

혐오의 정치학

남의 일이 아니다. 우리 사회에도 바이러스를 막으려면 '중국인'이라는 집단을 배제해야 한다고 주장하는 이들이 있다. '바이러스=중국인'이라는 이 원시적 편견을, 정치권에서는 '전문가'의 견해라며 덜컥 받아안았다. 대중의 공포를 정치적 공격의 무기로 활용하기 위해서였다. 결과는 처참했다. 그 당의 지지자들을 중심으로 코로나의 범인으로 지목된 중국인과 조선족에 대한 사이버 공격이 시작되었다. 공당에서 인증해준 이 인종적 차별과 혐오는 최근 '차이나 게이트'라는 음모론으로까지 진화했다.

중국에서는 반대의 일이 일어났다. 난징에서는 중국인 주민들이 아파트에 들어오려는 한국인들을 막아섰고, 안후이성에서는 한국인이 사는 집의 대문을 각목으로 봉쇄하는 일도 있었다. 극소수의 중국인이 벌인 일이지만, 이 소식이 한국에 알려지자 중국인 혐오는 더욱더 거세게 불타올랐다. 중국의 공안이 한국인이 사는 집에 딱지를 붙이는 등 차별을 일삼는다는 도시괴담도 떠돌았다. 대중의 공포에 편승하여 일부 언론에선 중국인 유학생 집단을 '바이러스'의 온상으로 지목하는 기사를 내보내기도 했다.

패닉은 국경만 가르는 게 아니다. 대구에서 왔다는 이유만으로 셋집이나 셰어하우스에서 쫓겨나는 이들도 있었다. '중국인=바이러스'나 '대구시민=바이러스'나 바탕의 심리적 기제는 동일하다. 그 바탕에 깔린 대중의 공포 역시 정치적으로 악용되었다. 민주당의 한 청년위원은 "대구는 손절해도 된다"라고 썼고, 부산의 한 민주당원은 이 사태를 보수당만 찍는 "지역민의 무능" 탓으로 돌렸다. 소설가 공지영은 트위터에 대구 확진자 그래프와 함께 "투표를 잘합시다"라고 썼고, 김어준은 코로나 사태를 아예

'대구 사태'라 명명했다.

　패닉을 어떻게 멈춰야 할까. 아산·진천의 주민들이 모범을 보여주었다. 그들도 처음엔 우한 교민을 막겠다고 바리케이드 치고 밤샘 농성까지 벌였다. 패닉을 잠재운 것은 '연대의 정신'이었다. 그들은 도착한 우한 교민들을 위해 플래카드를 내걸었다. "우한 형제님들, 생거 진천에서 편히 쉬어가십시오." 마스크 대란의 와중에 마스크를 필요한 이에게 양보하는 운동도 벌어졌다. '정확한 정보'가 공포를 잠재웠기 때문이다. 그러므로 두려워하자. 하지만 정확히 두려워하자. 그리고 연대하자. 코로나19보다 무서운 것이 혐오 바이러스다.

만인의 평화를 위한 마이너스 1

원시사회는 공동체의 위기를 희생양 제의로 극복하곤
했다. 희생양 제의는 원시사회가 '하나'를 제거함으로써 '모
두'의 평화를 유지하는 장치였다. 마이너스 1의 평화. 문명
이 시작되어도 이 제의는 사라지지 않았다. 원시사회는 그
나마 희생자를 신성시라도 했지만, 문명사회는 아예 그들을
범죄자로 여기게 된다. 희생자로 꼽힌 것은 주로 저항할 힘
이 없는 약자들. 가령 고대 그리스에서는 기근이나 역병이
돌면 노예나 장애인 수감자 중 하나를 골라 추방 혹은 처형
하곤 했다.

일본 지방지 《미야코신문》의 1923년 9월 19일 자 삽화. 관동대지진 이후
일본에서 성행한 아이들의 자경단 놀이를 그렸다. 아이들이 군인과 경찰 등
역할을 나눠 조선인 아이를 죽이는 놀이를 하자 그림 그린 이가 그런 놀이는
하지 말라고 말리는 내용이다.

그 희생양을 '파르마코스(pharmakos)'라 불렀다. 가장 유명한 파르마코스는 이솝이리라. 꼽추였던 그는 절벽에서 떠밀려 죽었다고 한다.

파르마코스

그 후로도 마찬가지였다. 중세의 파르마코스는 '여성'이었고, 나치 시절에는 '유태인', 관동대지진 때는 '조센징'. 희생양 제의에는 대개 희생자에게 죄를 전가하는 이야기가 뒤따른다. 그 이야기들 속에서 중세의 여성은 마법으로 흉작을 불러온 마녀로, 나치 시절의 유태인은 국가를 좀먹는 해충으로, 관동의 조선인은 일본인 집에 불을 지르는 방화자로 묘사되었다. 물론 이 이야기들 속에서 희생자의 목소리는 철저히 배제되어 있다.

코로나19 사태에서는 아시아인이 파르마코스가 되었다. 감염은 폭발하지, 생업은 힘들지, 갇혀 지내자니 답답하지, 그 스트레스가 공동체 안의 폭력으로 이어질 수 있다. 실제로 서구에서는 최근 가정폭력이 증가했다고 한다. 그들의 평화를 위해 애먼 아시아인들이 희생양으로 선택된 것이다. 남의 이야기가 아니다. 한국에서는 동성애자들이 파르마코스가 되어, 전 세계가 상찬하는 K방역을 망친 주범으로 몰리며 끔찍한 언어폭력을 당하고 있다.

고대 그리스에서는 기근이나 역병이 돌면 노예나 장애인 수감자 중 하나를 골라 추방하거나 처형하곤 했다. 그 희생양을 '파르마코스'라 불렀다. 가장 유명한 파르마코스는 이솝을 꼽을 수 있는데, 꼽추였던 그는 절벽에서 떠밀려 죽었다고 한다.

사태의 시작은 기독교 언론이었다. 이들은 '꼭 필요한 경우가 아니면 성 정체성은 밝히지 않는다'라는 기자협회의 보도준칙을 어기고, 처음부터 이 재앙의 원흉으로 게이 커뮤니티를 지목했다. 이는 방역당국의 지침에도 위배되는 행위다. 하지만 워낙 성스러운 분들이라 '혐오와 차별은 방역을 방해해 사회를 위험에 빠뜨린다'라는 세속적 비판에는 아랑곳하지 않는다. 이번이 동성애자를 '척결'할 절호의 기회라고 본 모양이다.

기독교 언론의 호모포비아

그러잖아도 몇몇 기독교 신문은 평소에도 동성애자들을 집요하게 공격해왔다. 심지어 성소수자를 연쇄살인범과 동렬에 놓는 끔찍한 칼럼을 싣기도 했다. 왜 그럴까. 한국 교회의 위기가 곧 세상의 위기라는 이상한 종말론 때문이다. '교회에 신도가 줄었다. 지금이 말세이기 때문이다. 그 징표가 바로 범람하는 동성애다. 고로 교회와 사회가 소돔과 고모라처럼 멸망하지 않으려면 동성애자들을 제거해야 한다.' 전형적인 희생양 제의다.

종교적 근본주의자일수록 경전의 자구(字句) 해석에 집착한다. 사실 그들이 하나님의 입에서 나온 말씀이라 굳게 믿는 구약성서에는 고대 근동의 관념이 반영되어 있다. 가령 노아의 홍수

이야기는 길가메시 서사시에 거의 원형 그대로 등장한다. 동성애를 죄로 보는 레위기의 관념도 조로아스터교에서 유래한 것으로 바빌론유수 시절 유태교인들에게 받아들여진 것이다. 정작 예수는 동성애에 대해 아무 말도 하지 않았다.

근본주의자들은 고대의 관념을 그대로 현대에 옮겨놓으려 한다. 하지만 예수는 고대의 율법 중에서 시간이 흘러 이미 시효가 다한 것들은 적절히 수정할 줄 알았다. 예수는 이를 율법의 '폐기'가 아니라 '완성'이라 불렀다. 성경의 본질은 시대와 지역의 특수성을 뛰어넘어 여전히 온 인류에게 어떤 '보편적' 메시지를 던진다는 데에 있다. 성경의 생명을 이루는 이 보편적 메시지를 정제하는 것은 세심한 해석의 작업을 요한다.

사실 성경의 자구적 읽기를 강조하는 근본주의자들도 실제로는 성경을 제 편할 대로 '해석'해왔다. 예를 들어 그들은 소돔과 고모라가 동성애 때문에 망했다고 말한다. 성서는 분명히 말한다. 소돔과 고모라는 의인 열 명이 없어서 망했다. 소돔이 동성애 때문에 망했다는 이야기는 실은 코란(수라 6)에 나온다. 거기에도 처벌 규정은 없다. 한국 교회가 망한다면 그건 동성애자가 있어서가 아니라 그 안에 의인 열 명이 없어서일 게다.

기독교와 희생양 제의

　인류학자 제임스 J. 프레이저는 종교를 희생양 제의의 연장으로 간주했다. 실제로 아브라함이 아들 대신 양을 바쳤다는 창세기 기사에는 인신공희의 흔적이 엿보인다. 요즘 기독교 일각에서 벌이는 반(反)동성애 캠페인을 보면 프레이저의 말이 맞는 것 같기도 하다. 하지만 르네 지라르에 따르면 이는 기독교의 본질을

2018년 크로아티아 이모트스키에서 열린 종려주일(예수부활축일의 바로 전 주일) 행사. 십자가를 지고 피를 흘리는 예수의 고난의 길을 재현하고 있다.

완전히 오해한 것이다. 기독교는 외려 공동체를 유지하는 데에 폭력을 사용해온 문화에 종지부를 찍었다는 것이다.

지라르에 따르면 구약성서에는 여전히 가해자의 시선이 담겨 있다. 레위기는 오늘날 여성 혐오, 장애인 차별, 동물 학대로 비난받을 구절들로 가득하다. 하지만 이미 구약에서 전환은 시작된다. 율법에 희생자의 목소리가 반영되기 시작한 것이다. 호세아 선지자는 이렇게 말한다. "나는 인애를 원하고 제사를 원하지 아니하며 번제보다 하나님을 아는 것을 원하노라."(호세아 6:6) 종교의 본질은 번제가 아니라 자비에 있다는 이야기다.

이 전환을 완수한 것이 바로 예수 그리스도다. 레위기에는 "대를 끊으라"라거나 "회중이 돌로 치라"라는 등 잔혹한 명령이 등장한다. 심지어 월경 중에 성관계를 하는 것도 당시에는 대를 끊어놓을 이유가 되었다. 불륜 역시 당시에는 죽음으로 다스렸는데 신약성서에 이와 연관된 장면이 등장한다. 간음한 여인을 회중이 돌로 치려 하자 예수가 말한다. "너희 중에 죄 없는 자가 먼저 돌로 치라."(요한복음 8:7)

예수는 이 한마디로 공동체를 유지하기 위해 폭력에 의존하는 관습을 폐지했다. 실제로 그는 세리나 죄인 등 파르마코스가 되기 쉬운 이들과 어울렸다. 하지만 희생양 제의를 폐지하는 결정적 방법은 역시 희생자의 무결함을 증명하는 것이다. 그래서 그는 십자가에 달렸다. 군중은 예수에게 온갖 죄를 뒤집어씌웠으나, 우리는 그에게 죄가 없음을 안다. 스스로 마지막 희생양이 됨으로써 예수는 이 야만적 제의에 종지부를 찍은 것이다.

무죄한 자를 정죄하지 말라

안타깝게도 예수가 폐지한 그 짓을 일부 기독교인들이 동성애자를 상대로 여전히 하고 있다. 동성애자들에 대한 기독교회의 적대감도 실은 동성애(homo)에 대한 근거 없는 공포(phobia)에서 나온다. 공포는 사람을 잔인하게 만드는 법이다. 이번에 일부 기독교 언론이 벌인 동성애자 사냥의 바탕에는 이 공포가 깔려 있다. 그들은 동성애가 확산하면 지구가 망한다고 호들갑을 떤다. 하지만 동성결혼을 합법화한 미국이 망했다는 소식은 들리지 않는다.

성서에 이르기를 '네 이웃에 대해 거짓증언하지 말라' 했다. 하지만 그들은 동성애가 수간(獸姦)과 소아성애를 낳는다고 거짓말을 한다. 에이즈의 확산을 막기 위해 동성애를 없애야 한단다. 하지만 에이즈는 더 이상 죽을병이 아니며, 감염자의 대다수는 이성애자다. 미국의 질본(CDC)은 에이즈 예방법으로 콘돔의 사용을 권한다. 호모포비아는 자기와 '다른 것'에 대한 본능적 두려움일 뿐 과학은 물론이고 성서와도 아무 관계가 없다.

이번 코로나 사태로 한국 교회 일각의 문제가 적나라하게 드러났다. 기도로 코로나를 이긴다며 자제 요청을 무시하고 집회를 강행하더니, 이번엔 광신에 빠진 일부 기독교 매체가 방역지침을 어기고 이태원 잔혹사를 연출했다. 오늘날 대부분의 과학자들은 동성애 자체가 자연의 질서에 속하는 것으로 본다. 선교사들은 이 땅에 먼저 병원과 학교부터 세웠으나, 그 후예들은 구약으로 과학을 대신하고 기도로 병원을 대신하려 한다.

진화론이 등장했다고 해서 기독교가 무너지지는 않았다. 그것은 교회가 세심한 해석을 통해 사회의 변화 속에서도 변하지 않는 말씀의 본질을 보존해왔기 때문이다. 해석학적 무능은 성서에서 미신과 편견만 읽어냄으로써 기독교를 시대에 뒤진 종교로 만들 뿐이다. 다른 것은 몰라도 타인을 '죄인'이라 부르는 것은 외국에선 처벌받는 범죄이며, 무엇보다 성서에 위배된다. 예수는 타인을 함부로 정죄하지 말라고 가르쳤다. 그의 말이다.

나는 자비를 원하고 제사를 원하지 아니하노라 하신 뜻을 너희가 알았더라면 무죄한 자를 정죄하지 아니하였으리라. (마태복음 12:7)

K방역과 코로나 보안법

K팝, K뷰티, K푸드, K드라마 등 세계를 휩쓰는 한류에 또 하나의 아이템이 합류했다. 코로나바이러스 대응의 모범으로 떠오른 한국식 방역. 거기에는 재빨리 'K방역'이라는 이름이 붙여졌다. 외국 언론에서 한국의 사례를 관심 있게 보도했고, 세계 곳곳에서 한국의 검사, 격리, 치료의 노하우를 구하는 요청이 쇄도했다. 한동안 K진단키트, K방호복과 K글러브 등 국산 의료용품의 수출이 급격히 늘기도 했다.

코로나 긴급조치와 '재인산성'으로 변한 광화문. 데 키리코의 형이상학적
회화를 보는 듯하다.

한국식 방역의 성취

성공적 방역으로 인해 나라에 대한 국민들의 자부심도 부쩍 늘었다. 그럴 만도 하다. 그동안 우리가 '선진국'으로 알고 있던 나라들에서는 여전히 매일 엄청난 수의 감염자와 사망자가 발생하고 있다. 방호복이 떨어져 쓰레기봉투를 대신 뒤집어쓰고 환자를 돌보는 그곳 의료진의 모습은 우리가 아는 선진국보다는 차라리 '제3세계'라 불리던 개발도상국의 풍경과 가까워 보였다.

'민도'가 높다는 서구인들도 마스크와 생활용품 사재기를 한다. 아시아인을 향해 인종주의 폭력을 휘두른다. 그런가 하면 사육제 전날 한껏 술과 고기를 즐기던 중세인들처럼 봉쇄령 시행 전날 집단으로 축하 파티도 연다. 그들이 자랑하던 '합리성'은 다 어디로 갔는가? 그러니 '서구 콤플렉스'에서 벗어날 때가 됐다는 얘기가 나올 만도 하다. 이 자부심이 지나쳐 '국뽕'으로 흐르는 경향도 보인다.

잔치는 끝났다. 이제 K방역의 성취를 냉정히 볼 때도 됐다. 감염폭발은 주로 서구에서 일어났고, 아시아에서는 비교적 확산이 억제되고 있다. 동남아 국가들이 서구보다 나은 방역 시스템을 갖춘 것은 아니니, 거기에는 뭔가 다른 요인이 있을 게다. 고로 K방역의 성과는 서구가 아니라 대만·홍콩·싱가포르·베트남 등 아시아 나라와 비교해 평가해야 한다. 아시아에서 K방역의 성적

사선으로 가로지르는 불안정한 구도, 음울한 색채 등으로 비현실적인 느낌을 자아내는 데 키리코의 작품, 〈한낮의 악마〉, 1956.

은 그리 뛰어난 것이 아니다.

　우리에게 사재기가 없었던 것은 유럽에 없는 택배문화 덕이 기도 하지만, 무엇보다 감염폭발로 인한 도시봉쇄가 없었기 때문이다. 마스크의 경우 우리도 한때 사재기 대란을 겪었다. 우리라고 인종차별이 없었던 것도 아니다. 일부 언론에서는 이 병을 '우한폐렴'이라 불렀다. 중국인과 중국 국적 동포들에 대한 노골적 혐오가 있었고, 친여 지식인들이 대구 시민에게 차별 발언을 퍼붓는 일도 있었다.

K국뽕이 묻어버린 개인의 권리

　이보다 더 큰 문제가 있다. 얼마 전 프랑스의 한 매체에는 '한국은 개인의 인권을 무시하는 감시국가'라는 내용의 칼럼이 실렸다. 그 시각에는 동의하지 않는다. 개인정보 공개를 필요한 범위에서 최소한으로 제한하고 감시자인 국가를 역감시하는 시스템만 있다면, 디지털 시대에 ICT 이용을 포기할 필요는 없다고 보기 때문이다. 하지만 우리 사회가 방역의 필요에서 '개인'의 인권 문제를 소홀히 해온 것은 부정할 수 없는 사실이다.

　한국이 자랑하는 철저한 추적 시스템이 다른 나라에서도 가능한 것은 아니다. 감염경로의 추적에 개인정보를 사용하는 것은 서구에서는 생각하기 힘든 일. 그들은 이를 '개인'의 인권침해로 인식하기 때문이다. 일본에서도 이를 법으로 금지한다. 실제로 과도한 정보 제공으로 개인의 사생활을 침해한 사례가 다수 발생했다. 하지만 국뽕의 분위기 속에서 이에 대한 논의는 거의 이루어지지 않았다.

코로나19로 인해 우리는 일상의 소중한 일부를 잃었다. 그 못지않게 안타까운 것이 바로 코로나 공포로 인해 헌법적 권리의 소중한 일부를 잃어가는 것이다. 신천지 사태 때 박원순 서울시장은 이만희 총회장과 열두 개 지파의 장들을 살인죄와 상해죄로 고발했다. 법을 과도하게 해석한 것이다. 이재명 경기도지사는 신천지 본부로 쳐들어가 이미 코로나 검사를 받은 이만희 총회장을 연행해 강제로 검사를 받게 했다. 공권력을 과도하게 남용한 것이다.

여당의 지자체장들이 바이러스에 대한 대중의 공포를 부추기는 것은 매우 위험하면서도 유감스러운 일이다. 그 바탕에는 물론 대중을 시원하게 해주어 지지율을 끌어올리려는 포퓰리스트 욕망이 깔려 있다. 사이비 종교의 신도에게도 헌법이 보장하는 신앙의 자유와 인신의 자유, 공권력의 남용으로부터 보호받을 권리가 있다. 하지만 이 상식은 무시되고, 분노한 대중의 열렬한 호응 속에서 이 초법적 조치들은 간단히 정당화되었다.

헌법 위의 떼법

'두려워하자. 하지만 정확히 두려워하자.' 이것이 올바른 대응일 것이다. 한기총 회장 전광훈 목사는 이 모토에서 앞의 문장을 무시했다. "내가 예수의 이름으로 명하노니, 우한폐렴은 떠나갈지어다." 종교적·정치적 광신으로 인해 바이러스에 대한 두려움 자체를 잃어버린 것이다. 그러니 예수도 그를 도와줄 수는 없었다. 그는 결국 8·15 광화문 집회에 참석했다가 바이러스에 감염되고 만다. 지금은 그게 다 정권의 테러였다고 우기는 중이다.

이것이 하나의 극단이라면, 다른 극단은 뒤의 문장을 무시하는 것이다. 무언가에 대한 과도한 공포는, 그것을 막는 데에 필요하다면 그 어떤 초법적 조치도 용인할 수 있다는 위험한 생각으로 이어지기 마련이다. 실제로 8·15 광화문 집회에서 대규모 감염 사태가 발생하자, 대중의 분노는 이 집회를 허용한 판사에게 쏟아졌다. 청와대에는 바로 '8·15 집회 허가 판사 해임 청원'이 올라왔다. 이 청원에는 무려 40여 만 명이 동의했다고 한다.

서울행정법원에서는 "집회의 자유는 헌법이 보장하는 기본권이고, 감염병예방법에 따라 집회를 제한할 때도 필요한 최소 범위에서 이뤄져야 한다"라고 밝혔다. 이는 반드시 지켜져야 할 헌법의 원칙이다. 40만이 청와대에 청원을 했다고 헌법을 무시할 수는 없는 일 아닌가. 게다가 법원에서 허용한 것은 "100여 명의 소수 인원이 참석"하는 집회였다. 집회가 법이 허용한 한도를 넘어서지 않게 관리하는 책임은 경찰에게 돌아가는 것이다.

독일에서도 비슷한 일이 있었다. 오랜 코로나 격리에 지친 사람들, 정부의 코로나 정책에 반대하는 사람들, 아예 코로나의 존재를 믿지 않는 사람들이 베를린에서 대규모 시위를 계획했다. 경찰은 이를 금지했지만, 법원은 마스크를 착용할 것, 일정한 거리를 유지할 것 등 몇 가지 조건을 붙여 집회를 허용했다. 물론 그 조건은 지켜지지 않았고, 약속이 깨지는 순간 경찰은 곧바로 집회를 해산시켰다. 이때 누구도 법원의 결정을 비난하지 않았다.

코로나 보안법

문제는 사태의 이성적 해결을 추구해야 할 정치권마저 대중의 이 뜨거운 감정에 편승해 버렸다는 데에 있다. 정세균 총리는 "그 판사가 잘못된 집회 허가를 했다"라고 말했다. 추미애 법무부 장관도 사법당국이 "사태를 안이하게 판단"했다고 비판했다. 민주당의 이원욱 의원은 "국민들은 그들을 '판새(판사 새끼)'라고 한다"라고 막말을 퍼부었다. 그는 아예 집회를 허가한 판사의 이름을 따서 '박형순 금지법'을 발의하기까지 했다. 다들 미쳤다.

법무부에서는 보수단체에서 신청한 드라이브스루(drive-through) 시위를 아예 금지하겠다고 발표했다. 이는 헌법에서 금하는 '과잉금지'에 해당한다. 법무부의 이 위헌적 발상은 여론이 자기들 편에 있다는 판단에서 나왔을 게다. 실제로 여론조사를 해보면 국민의 70퍼센트가 집회금지 조치에 찬성하는 것으로 나온다. 하지만 국민의 기본권을 다수결로 제한할 수는 없는 것이다. 설사 국민의 99퍼센트가 찬성하더라도 그들이 내 투표권을 박탈하는 게 정당화되지는 않는다.

타인의 집회에 '반대'하는 것과 그 집회를 '금지'하는 것은 차원이 다른 문제다. 종종 이 두 차원은 깔끔히 분리되지 않는다. 권력을 쥔 이들은 이 혼동을 이용해 전자를 빌미 삼아 후자를 하고 싶어한다. 얼마 전 유엔 평화적 집회 및 결사의 자유 특별보고관이 '코로나 시기 집회결사의 자유에 관한 10대 원칙'을 발표했다. 거기에는 코로나 위기가 "평화로운 집회와 결사의 자유에 대한 권리를 억압하는 구실"로 사용되는 일이 없어야 한다고 적혀 있다.

자유주의를 표방하는 정권에서 버젓이 사법부의 독립성을 침해하고 개인의 기본권을 무시하는 언동을 하는 것은 이상한 일이다. 민주당이 더 이상 과거의 민주당이 아닌 게다. 실제로 이 정권 사람들의 '민주주의' 관념은 우리가 아는 민주주의와는 많이 다르다. 그들에게 민주주의란 다수결을 통해 인민의 일반의지를 직접 대변하는 것을 의미할 게다. 여전히 운동권 시절에 가졌던 인민민주주의 관념에서 자유롭지 못하다는 얘기다.

민주당 사람들은 자신들이 박정희와 똑같은 짓을 하고 있다는 것을 모른다. 유신정권의 긴급조치와 현 정권의 코로나 긴급조치 사이에 본질적 차이가 있는 것은 아니다. 북한의 위협이든, 코로나19의 위협이든 공포심을 이용해 국민의 헌법적 권리를 제한하기는 마찬가지다. 그저 경도(硬度)의 차이가 있다고 해야 할까? 유신정권의 긴급조치가 경성(硬性)이라면, 현 정권의 코로나 긴급조치는 연성(軟性) 독재라 할 수 있다.

정부가 보수단체에서 주최하는 '드라이브스루 시위'를 금지하자 정의당과 몇몇 진보단체에서 이를 비판하는 성명을 냈다. "나는 당신의 견해에 반대한다. 그러나 당신이 반대할 권리를 지키기 위해 목숨을 걸고 싸우겠다." 볼테르의 것으로 (잘못) 알려진 이 말은 보수와 진보의 차이를 떠나 모든 이가 지켜야 할 민주주의의 원칙이다. 바로 이것이 시민들이 진영의 차이를 넘어 서로 소통할 수 있는 공통 지반이다.

제4부

민주당의 연성독재

중도층은 미신이다?

"금태섭 의원의 공천 탈락을 계기로 중도층의 마음이 떠날 것이라는 분석은 안 해봤나?"《한겨레》성한용 기자의 질문이다. 이 물음에 민주당의 후보 경선을 관리하는 담당자는 이렇게 대꾸했단다. "중도층은 미신이다. 쟁점마다 다른 투표를 하는 (스윙보터)층이 있을 뿐이다. 중도층은 존재하지 않는다. 조지 레이코프의 프레임 이론에 따르면 그렇다. 영향이 별로 없을 것으로 본다." 요즘 민주당에서 핵심 지지층에만 기대어 마구 폭주하는 근거가 조지 레이코프의 '프레임 이론(frame theory)'이었나 보다.

조지 레이코프가 발표한 프레임 이론에서 프레임이란 현대인들이 정치·사
회적 의제를 인식하는 과정에서 본질과 의미, 사건과 사실 사이의 관계를
정하는 직관적 틀을 뜻한다. 정치계에서 선거전략상으로도 프레임은 중요
한 의미를 갖는데, 정치적 상황을 유리하게 이끌 때에도 프레임은 유용한
도구가 된다.

프레임을 선점하라

정말 중도층은 존재하지 않는가? 사실을 말하자면 레이코프는 중도층이 존재하지 않는다고 말한 적이 없다. 그 역시 미국에는 35~40퍼센트의 보수층, 35~40퍼센트의 진보층, 그리고 20~30퍼센트의 중도층이 있다고 말한다. 그의 말은 보수적 관념과 진보적 관념만이 있을 뿐 그 중간 어딘가에 어정쩡한 '중도주의라는 이념'은 없다는 것이다. 레이코프에 따르면 이른바 '중도층'은 특정 사안에서는 진보를, 다른 사안에서는 보수를 지지하는 '이중관념(biconceptualism)'의 소유자라는 것이다.

예나 지금이나 선거의 승부는 결국 이 이중관념을 가진 중간층을 누가 사로잡느냐에 달려 있다. 이 대목에서 레이코프는 중도층의 표를 얻겠다고 이념과 정책의 방향을 어설프게 중도로 옮겨서는 안 된다고 조언한다. 괜히 자신의 메시지만 희석하게 되어 외려 지지를 잃기 쉽다는 것이다. 고로 진보라면 진보로서 제 가치관을 뚜렷이 드러내는 가운데 자신과 몇몇 가치를 공유하는 스윙보터들의 지지를 끌어내려고 해야 한다. 하지만 어떻게? 그 비결은 '프레임을 선점'하는 데에 있다.

가령 보수주의자들은 '세금감면(relief of taxes)'이라는 말을 즐겨 사용한다. 그로써 그들은 프레임을 선점하게 된다. 왜? 영어로 감면(relief)이라는 말에는 '뭔가 안 좋은 것을 덜어낸다'라는 뉘앙스가 깔려 있기 때문이다. 그리하여 그 말을 쓰다 보면 저도 모르는 사이에 '세금은 나쁜 것'이라는 부당 전제를 받아들이게 된다. 그 프레임에 말리면 승산이 없다. 실제로 진보세력들이 그 덫에 빠져 '제3의 길'이나 '신중도'를 표방하며 보수와 감세 경쟁을 하다가 전통적 지지층만 잃고 말았다.

프레임을 왜곡하라

'중도는 없다'라는 말은, 한마디로 '진보로서 자신의 도덕적 정체성을 뚜렷이 하라'라는 뜻이다. 그런데 이를 민주당에서는 '중도층을 무시하라'라는 뜻으로 해석한 모양이다. 그럴 만도 하다. 최근 우리 사회에서는 과도한 진영정치로 인해 스윙보터층이 실제로 엷어졌다. 조국 사태 때 시민사회는 심판을 보는 대신 아예 선수로 운동장에 뛰어들어 방어전을 치렀다. 이 반칙에 휘슬을 분 이들은 극소수. 그들에게는 어차피 '무시해도 좋을 양'이다. 그래서 중도층이 졸지에 "미신"이 되어버린 것이다.

설사 중도층이 있더라도 그 표가 향할 곳이 없는 한 두려워할 이유가 없다. 구심점을 잃은 표는 어차피 허공으로 흩어질 것이기 때문이다. 중도가 정치적 무게를 잃었으니 민주당으로서는 굳이 그들의 마음에 들려고 애써 도덕성을 갖출 이유도, 섬세한 언어전략을 마련할 필요도 없다. 보수는 여전히 지지부진하지 않은가. 그러니 '촛불혁명'이라는 빛바랜 프레임으로 고정 지지층만 묶어놓아도 충분히 이길 수 있다. 이 자신감에서 마치 "중도층은 존재하지 않는다"라는 듯 행동하는 것이다.

원래 진보에게 도덕성은 '생명'이었다. 노무현 전 대통령과 노회찬 전 의원은 거기에 흠집이 났을 때 생명을 내놓아야 했다. 하지만 현재의 민주당은 도덕성을 그저 승리에 방해가 되는 '걸림돌' 정도로 여기는 듯하다. 그뿐 아니다. 원래 차별받는 소수의 편에 서는 것은 진보주의자의 의무에 속한다. 하지만 민주당은 통진당의 후신인 민중당과 트랜스젠더 후보를 낸 녹색당을 비례연합정당 논의에서 배제했다. "이념 문제나 성 소수자 문제로 소모적 논쟁을 일으킬 정당과의 연합에는 어려움이 있다."

진보의 가치를 실현하는 데에는 당연히 "어려움"이 따른다. 바로 그 "어려움"을 극복하라고 레이코프는 섬세한 언어 선택에 기초한 프레임 전략을 제안한 것이다. 그런데 민주당에선 그의 말을 엉뚱하게 이해한 모양이다. 진보의 가치를 실현하는 싸움을 이제 그들은 "소모적 논쟁"이라 부른다. 관철할 진보적 가치를 내버렸으니 섬세한 언어전략 따위가 어디에 필요하겠는가. 그래서 레이코프의 이론을 가져다 기껏 '촛불세력 대 토착왜구'라는 프레임으로 사회를 갈라치는 일이나 하는 것이리라.

대안적 사실을 창조하라

언제부터인가 민주당은 그릇된 가치를 관철하는 데에 프레임 전략을 악용해왔다. 조국 인사청문회를 보자. 원래 인사청문회는 후보자의 도덕성을 검증하는 제도다. 하지만 민주당에서는 처음부터 사안을 '합법-불법'의 문제로 프레이밍해 들어갔다. 이 전략은 빗나갔고 조국은 낙마했다. 결과는 참혹했다. 그릇된 프레이밍은 민주당에 '법의 한계가 곧 도덕의 한계'라는 야쿠자 윤리를 남겼고, 그 지지자들 또한 당을 따라 '불법만 아니면 모든 게 허용된다'라는 왜곡된 도덕을 내면화하게 되었다.

요즘에는 검찰 음모론을 퍼뜨리느라 분주한 모양이다. 이를 주입하는 데에는 사극 프레임까지 동원한다. 조국이 조광조이고, 윤석열이 윤임이란다. 5공 프레임도 사용된다. 청와대의 감찰 무마와 선거개입에 대한 수사가 "검찰의 쿠데타"라는 것이다. 반란을 일으킨 열네 명 검사의 리스트가 공개되었고, 그들에게는 "검찰 하나회"라는 이름이 붙여졌다. 인간은 개별적 사실을 프레임 속에서 인지하기 마련이다. 머릿속에 그릇된 프레임이 심겼을 때 대중의 세계 인식은 심각하게 왜곡될 수밖에 없다.

민주당의 프레이밍 전략은 실은 트럼프의 것을 닮았다. '러시아 스캔들'로 위기에 처하자 트럼프는 "스파이 게이트"라는 말로 프레임 전환을 시도했다. 오바마 행정부에서 자기 대선 캠프에

첩자를 심어놨다는 것이다. 물론 근거는 없다. 하지만 언론에서 "스파이 게이트"라 받아 적는 순간 사람들은 그의 프레임에 갇히게 된다. 허위도 진실게임 속으로 들어가면 '절반의 사실'로 인정받는 법. 그 절반의 사실을 끝없이 반복해 듣다 보면 어느새 사실로 들리게 된다. 이른바 '대안적 사실'이 만들어지는 것이다.

'쿠데타'라는 프레임

'검찰 쿠데타'라는 프레임도 마찬가지다. 이는 원래 '검찰이 대통령의 인사권에 개입하려고 조국 일가를 내사'했다는 유시민 씨의 주장에서 출발했다. 아무 근거도 없는 이 "추측"이 진실게임 속에 들어가 절반의 사실이 되더니 끝없는 반복을 통해 사실로 굳어졌다. 법원에서 허위라고 확인해주었지만, 지지자들은 머릿속의 '대안적 사실'을 절대 포기하지 않는다. 프레임은 '사실'로 깨뜨릴 수 있는 게 아니다. 아니나 다를까. 법원에서 그렇게 말했다면 그건 "판사가 미친 것"이란다.

이 미친 프레임으로 물론 중도층의 마음을 살 수는 없다. 하지만 이 갈라치기 전략이 아무 효과도 없는 것은 아니다. 실제로 트럼프는 노골적인 반(反)외국인 선동으로 백인 하층계급의 지지를 결집시킴으로써 대선에서 승리했다. 민주당은 지금이 그런

때라고 보는 모양이다. 그래서 도덕과 가치와 원칙을 버리고 왜곡된 프레임으로 골수 지지층을 결집시키는 데에 전념하는 것이리라. 자유주의 정당이 우익 포퓰리즘 선동에 의존한다는 것은 당의 성격에 뭔가 중대한 변화가 생겼음을 시사하는 불길한 징후다.

레이코프는 프레임 왜곡에 '올바른 프레임'으로 맞서라고 주문한다. 문제는 그 '올바른 프레임'을 설정할 주체가 누구냐는 것. 미국에서 그 주체는 민주당일 터이나, 한국에서는 민주당이 트럼프 짓을 하고 있다. '올바른 프레임'을 지지해줄 중도층은 난무하는 진영정치 속에서 설 자리를 잃어간다. 이 경향은 앞으로 더 심해질 것이다. 폐해는 벌써 나타나고 있다. 어느새 한국의 정치는 승리를 위해서라면 모든 짓이 허용되는 거대한 난장판으로 변했다. 사회의 나머지 영역도 곧 그 뒤를 따를 것이다.

"진리는 국가의 적이다"

플라톤의 대화편 《고르기아스》에는 이후의 역사에서 자주 반복될 사건의 원형이 등장한다. 거기서 고르기아스는 감히 소크라테스에게 제 말솜씨를 뽐낸다. 목숨이 위태로운데도 수술을 안 받겠다고 버티는 환자가 있었단다. 의사도 설득하지 못한 환자를 자신이 설득해 수술을 받게 했다는 것이다. "그러니 나와 그 의사가 공직에 출마하면 민회에서 누구를 뽑겠습니까?" 우쭐대는 그에게 소크라테스는 이렇게 대꾸한다.

2019년 10월 서울 서초동 대검찰청 앞에서 열린 '제9차 사법적폐청산을 위한 검찰개혁 촛불문화제'에서 참가자들이 촛불을 들고 '조국 수호' 구호를 외치고 있다(위쪽). 나치를 이끈 아돌프 히틀러의 최대 무기는 선동이었다. 나치는 감정적·선동적 구호를 반복해 대중을 홀렸다.

고르기아스여, 의사는 의술에 관한 참된 지식(에피스테메, episteme)이 있지만, 그대에게는 그 지혜가 없다오. 그런데도 남을 설득했다면 그보다 위험한 일이 있겠는가.

진실 없는 설득의 기술

의사와 고르기아스가 선거에 출마했다고 하자. 사람들은 과연 누구를 뽑을까. 예나 지금이나 대중은 아마 고르기아스를 뽑을 게다. 문제는 이 궤변론자에게는 참된 지식이 없다는 데에 있다. 그런 그가 진실이 없는 설득의 기술만으로 폴리스를 이끈다면, 나라 꼴이 어떻게 되겠는가. 허위에 설득당한 대중에 좌우되는 국가는 당연히 궤도에서 이탈할 수밖에 없다. 그런 '진실 없는 설득'의 위험성을 보여주는 대표적 예가 바로 나치독일이다.

'프로파간다'라고 하면 흔히 전체주의 선동을 떠올리나, 실은 어느 정치체제에서나 사용하는 대중설득의 기술이다. 실제로 히틀러가 모범으로 삼은 것도 1차 대전 당시 영국의 선전술이었다. 히틀러는 선전술의 열세를 패인의 하나로 보고 집권 후 선전술에 국가적 역량을 집중한다. 그 전술이 어찌나 지독했던지 종전 후 연합군 사령부에서 "우리가 독일의 저항의지를 꺾은 것은 군사력이 아니라 그들의 선전기구를 무력화했을 때"라고 회고할 정도였다.

프로파간다는 모든 주의자들이 사용하나 체제에 따라 그 특성은 다소 차이를 보인다. 예를 들어 마르크스주의자들은 선전(propaganda)과 선동(agitation)을 구별한다. 선전은 이성에 호소하는 논리적 설득의 방식이고, 선동은 감정에 호소하는 정서적 설득의 방식이다. 반면 나치의 선전에는 이런 구별이 없다. 이성적·논리적 설득을 아예 포기하고 오직 감정적·정서적 선동만을 사용하기 때문이다. 나치에게 선전이란 곧 선동을 의미한다.

적어도 마르크스주의자들은 제 이념이 인류 보편을 대변한다고 믿는다. 비록 허위의식일지라도 제 이념이 객관적 진리라 믿고 그것을 인식하도록 대중의 의식수준을 끌어올리려 한다('의식화'). 반면 나치 이데올로기에는 애초 보편성이 없다. 그 이념이란 게 한갓 인종적 편견에 불과하기 때문이다. 독일인이 세상에서 제일 우수한 종자라는 주장을 어떻게 논리로 정당화할 수 있는가. 따라서 그 헛소리를 믿게 하려면 대중을 멍청하게 만드는 수밖에 없다.

가장 멍청한 이들의 머리에 맞춰라

《나의 투쟁》에서 히틀러는 이렇게 말한다. "모든 선전은 대중적 형태를 취해야 하며, 그 지적 수준은 가장 멍청한 이들의 머리에 맞추어야 한다." 나치는 이렇게 정치적 의식의 가장 후진적 층위에 눈높이를 맞춘다. 히틀러는 대중이 이성을 가졌다고 보지 않았다. "국민의 대다수는 그 성격이 너무 여성적이어서 그 생각과 행동이 냉철한 이성보다 감정에 좌우된다. 그 감정은 복잡하지 않고 단순하다." 그 단순한 감정이란 물론 호오(好惡), 특히 증오의 감정이다.

바로 여기서 나치 선전의 기본 방침이 나온다. "대중의 두뇌 용량은 매우 제한적이고 그들의 이해력은 미약하다. 다른 한편 그들은 빨리 잊어버린다. 그러므로 모든 효과적 선동은 기본적인 몇 가지만 골라 되도록 상투적인 공식으로 표현해야 한다. 그리고 그 몇몇 슬로건을 끊임없이 반복해 마지막 한 사람까지 받아들이게 해야 한다." 많은 이야기가 필요 없다. 그저 몇 가지 이야기만 상투어구로 압축해 끝없이 반복하면 언젠가 모두가 믿게 된다는 것이다.

진실은 억압돼야 한다. 선동을 방해하기 때문이다. "다른 편에 유리할 경우 진실을 객관적으로 탐구해서는 안 된다." 괴벨스의 말이다. "충분히 큰 거짓말을 하고 계속 반복하면 사람들은 결국 그것을 믿게 된다. 거짓말은 오직 국가에서 그 거짓말의 경제적·군사적 후과로부터 국민을 차단시키는 동안에만 유지된다. 고로 국가가 권력을 총동원해 이견을 억누르는 것이 매우 중요하다. 진리는 거짓말의 치명적인 적이며, 따라서 국가의 가장 큰 적이기 때문이다."

미국 전략사무국(OSS)의 보고서는 나치 선전의 "기본 규칙"을 이렇게 요약한다. "절대로 대중의 흥분을 가라앉히지 말 것. 절대로 자신의 결점이나 오류를 인정하지 말 것. 절대로 적에게도 뭔가 좋은 점이 있음을 인정하지 말 것. 절대로 대안의 여지를 남기지 말 것. 절대로 비난을 용인하지 말 것. 한 번에 하나의 적에 집중하여 그에게 잘못된 모든 것의 책임을 뒤집어씌울 것. 사람들은 작은 거짓말보다 큰 거짓말을 더 잘 믿는다." 그런데 이 상황, 어딘지 낯익지 않은가.

민주당에 민주주의자가 없다

요즘 민주당 정권이 그 짓을 한다. 자신의 잘못을 인정하지 않고, 자신을 비난하는 이는 바로 고발한다. 대안도 인정하지 않는다. '그렇다고 저쪽 찍을 거야?' 세상을 진영으로 갈라 친구의 잘못은 덮고 상대는 절대악으로 만든다. 하나의 적(가령 검찰총장)에 집중해 그에게 만악의 책임을 뒤집어씌운다. 지지자들은 '적폐청산' '토착왜구' '4·15는 한일전' 등 상투어만 반복한다. 그들의 극성 때문에 이견을 낼 수도 없다. 페이스북에 '좋아요'를 누르는 데에도 그들의 눈치를 봐야 한다.

물론 21세기의 한국을 1930년대 독일과 등치할 수는 없다. 일단 민주당은 자유주의를 표방한다. 문재인 정권에서 나치처럼 체계적인 선전·선동 기구를 가동하는 것도 아니다. 민주주의의 시스템은 여전히 작동하고 반대편에는 꽤 견고한 견제세력도 존재한다. 고로 이 정권을 '파시스트 정권'으로 규정한다면, 그 역시 부당한 선동일 것이다. 하지만 최근 민주당 정권의 커뮤니케이션이 강한 전체주의적 특성을 보인다는 것만은 누구도 부정하지 못할 것이다.

왜 이렇게 됐을까? 그새 민주당의 성격이 바뀌었기 때문이다. 김대중과 노무현은 민주주의에 대한 확고한 신념을 갖고 있었고, 그 철학으로 당이 자유주의의 궤도에서 벗어나지 않게 관리했다. 문재인은 다르다. 그는 실현해야 할 정치적 '이상'을 위해서가 아니라 '운명'에 이끌려 정치무대로 불려 나왔다. 젊은 386을 영입해 민주주의 이념 아래 놓았던 두 전직 대통령과 달리, 그는 자기 철학 없이 이미 주류가 된 586에게 옹립당하고 관리당하는 처지에 가깝다.

문제는 나라를 쥐고 흔드는 이들 586세력이 민주주의를 학습한 적이 없다는 데에 있다. 학창 시절 '국가주의' 교육을 받은 그들은 독재정권에 맞서 민족주의 색채의 또 다른 전체주의 이념으로 무장했다. 상대의 존재를 인정하고 대화를 통해 이견을 해소하는 것이 정치에 대한 자유주의적 관념이다. 하지만 586에게 정치는 여전히 '적폐세력'과 '토착왜구'를 때려잡는 민족해방전쟁의 연장이다. 이 성전(聖戰)에 시비를 거는 이는 곧바로 인터넷반민특위(?)에 회부된다.

지지자를 설득하는 데에도 이들은 운동권 시절의 전체주의 선동을 사용한다. 새빨간 거짓말, 부분적 거짓말, 맥락을 일탈한 진실 등 다양한 거짓말로 그들은 대중의 의식 속에 정치를 일종의 전쟁으로 각인한다. 세뇌의 결과 지지자들은 "되도록 많은 아군과 되도록 많은 적군의 시체"를 아예 정치의 이상으로 삼게 된다. 전쟁터에서 유일한 정의는 승리다. 승리를 위해 적에게 이로운 진실은 은폐되고, 아군의 범죄는 용서된다. 비판자는 "내부총질러"로 군법회의에 넘겨진다.

문제는 이 낡은 운동권 하위문화가 어느덧 주류가 된 586을 통해 정부와 공당의 운영원리까지 왜곡하고 있다는 점이다. 그러다 보니 자유주의 정권의 커뮤니케이션이 전체주의적 특성을 보이는 해괴한 사태가 벌어지는 것이다. "민주당에는 민주주의자가 없다." 홍세화 선생의 지적이다. 20년 전 그가 '톨레랑스'의 정신을 외쳤을 때 그 표적은 한국의 극우세력이었다. 그런데 지금 그의 외침은 자유주의를 표방하는 정권을 향한다. 민주당, 도대체 어디로 가는가.

기억을 지워버린 기억의 연대

지난 5월 7일 이용수 할머니가 기자회견을 열어 서울 종로구 옛 일본대사관 앞에서 열리는 수요집회에 더는 참여하지 않겠다고 선언했다. 종군위안부의 상징적 인물의 발언이라 파장은 컸다. 사태는 예상대로 흘러갔다. 야당과 언론에서는 정의기억연대(이하 '정의연')를 향해 비난을 쏟아냈고, 이에 맞서 윤미향 국회의원 당선자는 '할머니의 기자회견에 배후세력이 있다'라고 주장했다. 심지어 그의 남편은 '이용수 할머니가 평소 목돈을 원했다'라는 글을 리트윗하기까지 했다.

2020년 5월 7일 이용수 할머니가 기자회견을 열어 서울 종로구 옛 일본대사관 앞에서 열리는 수요집회에 더는 참여하지 않겠다고 선언했다. 이후 윤미향 의원과 정의기억연대는 각종 비리 의혹과 관련해 곤욕을 치렀다. 저 포스터 속의 치마저고리 소녀는 더 이상 위안부 할머니가 아니다. 매서운 눈으로 횃불을 치켜들고 "No 아베!"를 외치는 저 소녀는 실은 윤미향이다. 그리고 그것이 이 사건의 본질이다.

저 치마저고리 소녀는 누구인가

언론과 야당의 공세에 윤 당선자는 이렇게 대꾸했다. "가족과 지인들의 숨소리까지 탈탈 털린 조국 전 법무장관이 생각난다. 겁나지 않는다. 당당히 맞서겠다." 낯익은 '조국 프레임'이다. 이 마법의 프레임은 진상규명의 필요를 졸지에 진영수호의 사명으로 뒤바꿔놓는다. 김두관 의원은 정의연에 의혹을 제기하는 것을 일본 극우를 도와주는 "신(新) 친일 행위"로 규정했고, 원내대표를 비롯해 열네 명의 민주당 의원이 그의 뒤를 따랐다.

진영을 수호하는 게 그리도 성스러운 일일까. 영화 〈낮은 목소리〉의 변영주 감독은 이용수 할머니가 "원래 그런 분"이라고 했다. "당신들의 친할머니들도 맨날 이랬다저랬다 하시지 않느냐." 배우 김의성 씨는 진상도 파악하지 않은 채 일단 SNS에 응원 글부터 올렸다. "윤미향 당선자와 정의연, 더욱 응원합니다." 한편, 우희종 교수는 "주변 사람들에 의해 할머니의 기억이 왜곡된 것 같다"라며 할머니의 증언을 "검증"해야 한다고 말했다.

최민희 전 의원은 이 사건의 정치적 배경을 시사했다. "수요집회가 눈엣가시였던 자들은 그의 국회 진출이 무서운 게 아닐까?" 페미니스트 노혜경 씨가 옆에서 거든다. "일본대사관 앞에서 수요일마다 열리던 집회가 국회의사당에서 매일같이 열린다고 상상해보라." 이 사건에서 "역설적으로 윤 당선인이 얼마나 껄

끄럽고 무서운 존재인지 볼 수 있다." 이 모두가 윤미향의 국회 입성을 두려워하는 '토착왜구' 세력의 음모라는 이야기다.

이 프레임 속에서 이용수 할머니는 졸지에 '성치 않은 정신으로 목돈에 눈이 멀어 누군가의 사주로 소동을 일으킨 토착왜구'가 되고 만다. 민주당 지지자들은 이 프레임을 아예 포스터로 제작했다. "정의연을 공격하는 자가 토착왜구다." 이 말이 적힌 저 포스터 속의 치마저고리 소녀는 더 이상 위안부 할머니가 아니다. 매서운 눈으로 횃불을 치켜들고 "No 아베"를 외치는 저 소녀는 실은 윤미향이다. 그리고 그것이 이 사건의 본질이다.

누구를 위한 운동인가

드러난 사실만 가지고 이야기하자. 위안부 운동의 대모 김문숙(93세) 씨에 따르면 윤미향 씨가 대표가 된 후 정대협(한국정신대문제대책협의회)은 모금에 집착했다고 한다. "오로지 돈, 돈, 돈이다. 수요집회에서 모금을 하고 전 세계에서 기부금을 모으고 있다." 운동의 본말이 전도되어버린 것이다. 일본 최고재판소에서 최초로 일본군 위안부로 인정받은 심미자 할머니도 2004년 이를 지적하며 피해자를 앞세운 정대협의 모금 활동을 금지해달라는 소송을 낸 바 있다.

이 모금에 참여한 이들은 전액은 아니더라도 기부금의 상당액이 할머니들을 위해 쓰이기를 기대했을 것이다. 하지만 실제로 할머니들을 위해 쓰인 액수는 그 기대에 비해 턱없이 적어 보인다. 이용수 할머니의 경우 난방 지원을 못 받아 민주당 대구시당 김우철 사무처장이 깔아준 온수 매트로 겨울을 나야 했다. 정의연의 해명대로 "정기 방문에 정서적 안정 지원"까지 했다면 이런 미담은 굳이 생겨나지 않아도 됐을 것이다.

아파트를 경매로 사는 재테크 감각으로 안성 쉼터를 시가의 두 배나 주고 산 것도 이해가 안 간다. 이미 명성교회에서 제공한 쉼터가 있는데, 할머니들이 다니지도 못할 그 외진 곳에 새 쉼터를 마련할 이유가 없다. 애초에 할머니들을 위한 곳이 아니고, 비싸게 사주는 것 외에 딱히 다른 용도가 있었을 것 같지도 않다. 이용수 할머니는 쉼터의 존재를 알지도 못했단다. 도대체 할머니들 쉬는 곳에서 왜 엉뚱하게 민중당 행사가 열리는가.

소식지 발행은 남편에게, 쉼터 관리는 아버지에게 맡겼다. 회계부실로 현대중공업과 사회복지공동모금회의 경고를 받았다니, 기부금의 용처도 제대로 밝혀지지 않을 것이다. 김복동 할머니 장례식에서 거둔 조의금의 일부는 "할머니의 평소 뜻을 함께 실천해가고 있는 단체들"에게 돌아갔다. 김 할머니가 NL(민족해방)이라는 사실은 이번에 처음 알았다. 재일 조선인학교 학생들을 위해 제정된 김복동장학금이 그쪽 활동가 자녀들에게까지 수여되었다.

기억에서 지워진 할머니

남산 '기억의 터' 조형물에 새겨진 247명 위안부 피해자 명단에 심미자 운동가의 이름은 빠져 있다. 할머니는 정대협을 향해 "당신들은 언제 죽을지 모르는 위안부 할머니들을 역사의 무대에 앵벌이로 팔아 배를 불려온 악당"이라 말한 바 있다. 2008년에 돌아가신 할머니가 8년 후 조형물이 세워질 것을 예견하고 '내 이름을 빼달라'라고 했을 리는 만무할 터. 왜 심 운동가의 이름이 빠졌는지는 정의연만이 안다.

당시 정대협과 심미자 할머니 사이에는 갈등이 있었다. 한편으로는 정대협에서 상정한 위안부의 이상형이 있다. '위안부는 순결한 소녀다. 인권투사로서 위안부는 일본 정부의 사과 없이 아시아여성기금을 받으면 안 된다.' 맞은편에는 그 고고한 이념형에 꼭 들어맞지는 않는, 다양한 사연을 지닌 현실의 위안부 할머니들이 있다. '형편이 어려운 할머니들이 가해자 자손이 죄스러움을 씻기 위해 건네주는 위로금을 받는 게 왜 나쁘냐?'

있을 수 있는 갈등이다. 문제는 그 갈등을 해결하는 방식이다. 당시 정대협의 대표는 세미나에서 "아시아여성기금을 받는다면 자원해 나간 공창이 되는 것"이라 발언했다고 한다. 현실의 할머니들을 자신들의 이상형에 억지로 끼워 맞추려 한 것이다. 그 틀에 맞춰지기를 거부한 할머니들은 결국 운동에서 배제당해야 했다. 할머니들을 위해 운동이 존재하는 것이지 운동을 위해 할머니들이 존재하는 것은 아니잖은가.

국민의 성금으로 세워진 '기억의 터' 조형물에서 심미자 할머니의 이름이 지워진 것은 상징적이다. '정의기억연대'에서 일본 정부가 일본군 위안부로 공인한 할머니의 존재를 한국이라는 국가 공동체의 '기억'에서 지워버렸기 때문이다. 이번 이용수 할머니의 폭로는 이것이 심 할머니만의 일이 아니라는 것을 보여준다. 심 할머니처럼 이 할머니 역시 "원래 그런 분", "사주받은 분", 혹은 "목돈을 원했던 분"으로 신속히 타자화되었다.

운동은 이제 윤미향과 같은 활동가의 것이 된다. 수원평화나비의 김향미 대표는 석사 논문으로 윤미향 위인전을 썼다. "들국화(윤미향)의 움직임은 사명감으로, 의무감으로 부채로 실천할 수밖에 없는 행동이었다." "들국화의 운동 방식은 자신을 앞세우는 것이 아니라 피해 할머니들, 단체가 더 우선이었다. 하지만 그 운동 속에는 들국화가 자리 잡고 함께 있었다." 이 논문을 쓴 김 대표의 자제는 지난 4월 우연히 김복동장학금을 받았다.

할머니들에게 위안부의 이데아를 요구했던 윤미향의 삶은 저 위인전에 그려진 것처럼 이상적이지 않았다. 시민의 성금과 국민의 혈세로 운영되는 인권단체를 그는 개인의 자영업으로 만들어버렸다. 황당한 것은, 한국여성단체연합 산하 34개 여성단체에서 이용수 할머니가 아니라 외려 횡령과 배임의 의혹을 받는 윤미향을 지지하고 나섰다는 사실이다. 이 선언을 주도한 핵심 인사들 역시 우연히 정의연의 이사들이라고 한다.

이들이 할머니의 목소리에 귀를 닫고 윤미향을 옹호한 것은, 그들 또한 윤미향 부류의 운동권 서사를 공유하고 있기 때문이리라. 그들은 이 상상계와 실재계 사이에 드러난 괴리를 애써 덮으려 한다. 자기들이 누리는 기득권을 자신들이 정의로운 일을 한다는 허위의식으로 포장해왔기 때문이다. 누구든 그 괴리를 드러내는 이들은 '토착왜구'로 몰아붙이면 그만이다. 이것이 우리 사회에 남은 낡은 운동권 서사의 기능이다.

"정의연을 공격하는 자가 토착왜구다." 저 포스터는 이 운동권 서사에 지배당한 대중의 의식을 정직하게 보여준다. 그 안에서 윤미향들은 할머니의 치마저고리를 빼앗아 입고는 "No 아베!"를 외친다. '기억을 위한 연대'에서 정작 할머니의 기억을 지워버렸다. 치부를 드러내 수술하는 대신 덮어버리기에 급급하다. 아베가 하는 짓과 대체 뭐가 다른가. 그 운동의 끝에서 이 땅의 윤미향들은 'No 아베'를 외치는 이상한 아베가 되었다.

민주주의의 자살

1994년 유학 가서 처음으로 참여한 수업은 법철학 세미나였다. 토론 중 한 학생이 그날 신문을 들고 와서 헌법재판소의 결정에 관한 기사를 읽어준다. 이 사건은 내게 강렬한 인상을 남겼다. 그 추상적인 이론이 실은 우리 일상과 밀접히 연결돼 있다는 사실을 깨닫게 해주었기 때문이다. 물론 그때는 그 깨달음이 20년 넘게 이어질 이 지겨운 논객질의 토대가 될 거라고는 미처 생각하지 못했다.

더불어민주당 의원총회에 참가한 의원들이 마스크를 착용하고 이해찬 대표의 발언을 듣고 있다. 이 대표는 의원들에게 각종 현안에 대해 개인 의견을 밝히지 말라는 함구령을 내려 논란이 일었다.

민주주의, 자유주의를 죽이다

이날 세미나의 교재는 자크 데리다의 텍스트 《법의 힘》이었다. 이 글에서 데리다는 좌익 평론가 발터 베냐민과 나치 법학자 카를 슈미트, 양극에 위치한 두 사람 사이에 묘한 공통성이 존재한다는 데에 주목한다. 당연한 현상인지도 모른다. 당시 바이마르 공화국은 왼쪽과 오른쪽 모두에서 공격을 받았기 때문이다. 이 연약한 자유민주주의 정권을 좌익은 혁명으로, 우익은 쿠데타로 전복시키려 했다.

히틀러는 쿠데타가 아니라 민주적 선거를 통해 권력을 잡았다. 의회의 다수가 되자 그는 다수의 힘으로 민주주의부터 파괴하기 시작했다. 야당은 해산되고 노조는 금지되었다. 민주주의가 민주적으로 자살해버린 것이다. 개인과 소수에 대한 존중 없이 다수결로만 환원된 민주주의는 이처럼 반대물로 전화하기 마련이다. 그런 민주주의라면 북한에도 있다. 북한도 조선 '민주주의' 인민공화국 아닌가.

나치가 언론·출판·집회·결사 등 자유주의적 권리를 파괴할 때 거기에 이론적 근거를 제공한 이가 바로 카를 슈미트였다. 우리는 자유주의와 민주주의를 보족적(補足的) 관계로 본다. 즉 다수결의 원칙이 다수의 폭력으로 흐르지 않도록 그것을 자유주의로 수정해야 한다고 믿는다. 하지만 카를 슈미트는 이와 달리 민주주의와 자유주의를 대립시킨다. 자유주의가 민주주의의 적이라는 것이다. 왜 그럴까.

'정치'에 대한 그의 독특한 관념 때문이다. 우리는 정치를 '계층 간 갈등을 의회에서 대화로 조정하는 절차'로 이해한다. 하지만 슈미트는 이 자유주의적 관념이 정치성(das Politische)의 본질을 거스른다고 본다. 그가 생각하는 정치는 이런 것이다. "정치적 구별이란 본래 적(敵)과 아(我)의 구별이다. 그것이 인간의 행동과 동기에 정치적 의미를 준다. 모든 정치적 행동과 동기는 결국 그 구별로 환원된다."

정치란 본질적으로 세상을 적과 아로 가르는 행위라는 것이다. 슈미트는 갈등을 조화로, 정복을 교역으로, 투쟁을 논쟁으로, 증오를 관용으로 대체할 수 있다고 믿는 게 자유주의의 오류라고 단언한다. 애초 그런 평화로운 세계가 가능하다는 믿음 자체가 환상이라는 것이다. 정치의 본질은 피아의 구별에 있기에, 그는 자유주의를 표방하는 바이마르 공화국이 정치성 자체를 말살한다고 보았다.

카를 슈미트는 끝없는 토론(Diskussion)으로 미결정의 수렁에 빠진 바이마르 의회주의보다 지도자의 결단(Dezision)으로 신속한 결정을 내리는 파시즘이나 볼셰비즘이 더 우월한 체제라 보았다. 토론을 멈춘 '시민'들은 이제 지도자만 믿고 투쟁하는 '전사'들로 변한다. 전사에게 필요한 것은 이성이 아니라 정치신학적 열광뿐. "우리 아돌프 하고 싶은 대로 다 해." 그 결과가 어땠는지 우리는 안다.

적과 아를 갈라라

카를 슈미트가 이 땅에 환생했나? 민주당의 모습이 심상치 않다. 그들은 세상을 적과 아로 나누는 것이 정치라고 보는 듯하다. 그 적은 물론 수구세력, 적폐세력이다. 민정수석이 SNS에 '죽창가'를 올리고, '한일전'이 총선 슬로건으로 내걸린다. 적개심으로 뭉친 지지자들은 "토착왜구"를 섬멸하는 민족해방의 전사가 된다. 그들이 윤미향을 못 놓는 것도 그의 활동을 이 NL 서사의 중요한 일부로 여겼기 때문이리라.

이 전쟁서사는 의정으로 이어진다. 이수진 의원은 '친일파 파묘 법안'을 만들겠다고 밝혔다. 학계나 시민사회에서 토론할 문제를 의회로 가져와 다수결로 처리하겠다는 이야기. 이러다가는 총선 결과에 따라 매번 시신을 파냈다 묻었다 하는 소동이 벌어질 게다. 왜 그럴까. 척결하겠다는 '토착왜구'가 현실에 존재하지 않다 보니 무덤에서 죽은 친일파라도 꺼내 보여줘야 했던 것이리라.

국회 운영도 전투적이다. 오랜 관행을 깨고 법사위원장을 가져갔다. 자기들이 "절대다수"라서 그런단다. 그걸 승자의 당연한 권리로 보는 것이다. 그러는 자기들은 과거에 81석의 절대소수로 그 자리를 양보받은 바 있다. 원래 전쟁터에 패자를 위한 배려란 없는 법. 나머지 위원회도 모두 가질 태세. 그들의 당론 1호 법안('일하는 국회법')에는 국회 심의에서 다수결을 한층 강화하는 내용이 담겼다.

당은 군대조직 같다. 금태섭 의원은 당과 다른 의견을 냈다고 징계를 받았다. 의원 개개인이 독립적 헌법기관이라는 자유주의적 인식은 없다. 당 대표가 의원들에게 함구령까지 내린다. 그 덕에 윤미향 사건처럼 사회적으로 중요한 사안에 대해 우리는 의원 개개인의 의견을 들을 기회가 없었다. 의원들은 176대의 거수기, 다수결 무기로 전락했다. 의원 보좌관 뽑는 데에는 출신성분을 본단다.

삼권분립의 파괴

행정부와 입법부를 장악하고 남은 것은 검찰과 법원. 자기들이 세운 검찰총장을 공공연히 "공수처 수사대상 1호"로 꼽는다. 한 어용교수가 총장에게 거취를 정하라고 재촉한다. 왜? "총선에서 집권당이 과반을 넘는 일방적 결과"를 낸 것이 이유란다. 사법부도 무사하지 못하다. 이수진 의원은 법정에서 제게 불리한 증언을 한 판사를 "법관탄핵 1순위"로 꼽았다. 사법부를 향해 승자의 위력을 과시한 것이다.

"세상이 바뀌었다는 것을 확실히 느끼도록 갚아주겠다." 최강욱 의원의 말엔 승자의 오만이 철철 묻어난다. 검찰 소환에 불응하더니 재판 도중 바쁘다고 일어난다. 이 완장문화 역시 슈미트의 관념과 관련이 있다. 삼권분립의 목적은 권력기관 사이의 견제와 균형에 있다. 반면 전쟁의 목적은 이와 달리 힘의 균형을 깨고 적을 굴복시키는 데에 있다. 그에게 사법부는 선거로 정복한 영토일 뿐이다.

물론 이 시대에 나치 시절처럼 자유민주주의 시스템을 파괴하는 것은 불가능하다. 하지만 그 시스템에 머물며 안에서 그것을 실질적으로 무력화하는 것은 얼마든지 가능하다. 지금 민주당에서 하는 것이 바로 그 일이다. 문제는 이 행태가 시민의 자유주의적 권리에 대한 공격으로까지 이어진다는 데에 있다. 실제로 요즘 민주당 안에선 자유주의 정당에선 생각하기 힘든 일들이 벌어지고 있다.

양향자 의원은 '역사왜곡금지법'을 발의했다. 국가보안법 대신에 민족보안법이 등장한 것이다. 정청래 의원은 '악의적' 보도를 막아줄 '언론 징벌적 손해배상제'를 도입하겠단다. 문제는 그 '악의'를 누가 판단하느냐다. 카를 슈미트는 시민의 기본권을 제한하는 총통의 비상대권에 관해 "언제가 비상인지 결정하는 자,

주권은 그에게 있다"라고 했다. 무엇이 '악의'인지 판단하는 자, 언론은 그자의 입이 될 것이다.

다수결로 환원된 민주주의

그 영향은 시민의 삶에까지 미치고 있다. 한 청년은 대학에 대통령 비판 대자보를 붙였다고 기소당했다. 나 역시 페이스북에 올린 글로 친여 시민단체에 고발당했다. 정의연을 비판한 이용수 님은 민주당 지지자에게 모욕당했다. 한 여성은 제 페이스북에서 유시민을 비판했다가 적발돼 노무현재단에서 해고당했다. 내가 아는 한 기자는 조정래를 비판한 한 줄의 문장 때문에 원고를 거절당했다.

비판적 기사를 쓴 기자에게는 언어폭력이 쏟아진다. 그 이름이 '기레기 리스트'에 실려 가족까지 신상이 털린다. 대낮에 방송사 기자가 테러를 당하는 일도 있었다. 선동가의 말 한마디에 방송사 취재팀이 날아간다. 음모론 방송과 사기꾼 인터뷰도 방관하는 방통심의위가 멀쩡한 보도에는 사소한 트집을 잡아 제재를 가한다. 윤건영 의원의 비리를 폭로하는 기사를 쓴 기자는 사표를 써야 했다.

K방역 세계정복의 '국뽕'에 취해 이 나라는 자랑스러운 "문재

인 보유국"이 되었다. '문광소나타'가 청와대 입장권이 된다. 국민의 스트레스가 풀린다면 욕이라도 달게 먹겠다던 노무현의 나라는 이제 없다. 지나가는 한마디에 청와대 참모들이 총폭탄이 되어 결사옹위에 나선다. 대통령은 태종이 되고, 조국은 조광조가 된다. 물티슈로 세차에 나서는 개인숭배도 자유주의국가에선 낯선 광경이다.

《한겨레》는 "김정숙 씨"라고 했다가 혼났고, 한 개그맨은 대통령을 '문재인 씨'라 불렀다고 곤욕을 치렀다. 한 기자의 푸념이다. "노무현을 왜 지지하냐고 물으면 권위주의 타파라고 답한다. 왜 이명박을 지지하냐고 물으면 경제 분야 능력이 뛰어나서, 왜 박근혜를 지지하냐고 물으면 아버지처럼 잘할 것 같아서란다. 그런데 문재인을 왜 지지하냐고 물으면 '문재인이 니 친구냐'는 반응이 나온다."

정치가 '피아 구별'로 이해되고 민주주의가 '다수결'로 환원될 때, 1930년대 독일처럼 민주주의는 반대물로 전화한다. 민주당과 그 지지자들의 정신 상태와 감정구조가 많은 이에게 낯설게 느껴지는 모양이다. 당연하다. 지금 민주당은 김대중·노무현의 자유주의 정당이 아니기 때문이다. 하지만 내게는 꽤 낯익다. 그것은 운동권 시절 586세대가 공유했던 전체주의 문화의 잔재이기 때문이다.

프로이트는 낯익은 낯섦을 '언캐니(uncanny)'라 부른다. 이 정권은 언캐니하다. 자유민주주의인 듯 낯익으면서 민중민주주의인 듯 낯설다. 그래서 밤에 보는 인디언 인형처럼 가끔 섬뜩하게(uncanny) 느껴진다. 대통령은 취임 연설에서 30가지 약속을 했다. 점검해보니 그중 무려 29가지를 어겼다. 지킨 것은 딱 하나. "한 번도 경험해보지 않은 나라를 만들겠습니다." 그 나라를 우리는 눈앞에서 본다.

카를 슈미트의 민주주의, 다수결로 환원된 민주주의는 '공공선'의 공화주의 이념을 파괴하고, 소수 존중이라는 자유주의 원칙을 말살한다. 이 두 가치를 포기한 민주주의는 자살한다. 기억하라. 히틀러는 43.9퍼센트의 지지로 집권했다.

그들은 왜 부끄러움을 모르는가

"미국 상원 정보위원회는 2004년 7월 9일, 1년에 걸친 조사 끝에 부시 행정부의 이라크 침공 관련 보고서를 공식 발표했다. 핵심은 '미국의 이라크 침공 명분은 모두 잘못된 정보와 과장된 정보에 기반한 것'이라는 내용. 이 보고서가 이목을 끈 것은 의회의 제도적 자율성과 의원들의 소신 있는 행동 때문이었다. 11월 대선을 코앞에 두고 현직 대통령에게 절대적으로 불리한 이 보고서는 대통령이 소속된 공화당 위원장이 주도했다."

더불어민주당사에서 열린 윤리심판원 징계 논의에 참석하는 금태섭 전 더불어민주당 의원. 그는 공수처법 표결 과정에서 기권표를 던졌다는 이유로 당의 윤리심판원으로부터 경고처분을 받았다.

김형준 교수의 칼럼에서 가져왔다. '국회의원은 그 개개인이 헌법기관'이라는 말은 바로 이를 가리킬 게다. 상원 정보위원장은 공화당 소속이나, 그 개인은 헌법기관으로서 당의 특수한 이익이 아니라 보편적 공익에 따라 행동한다. 물론 그의 정치적 판단은 대부분 소속 당과 일치하겠지만, 종종 둘이 어긋나는 경우도 발생한다. 그때는 소신에 따라 크로스보팅을 할 수도 있다. '의원'이란 원래 이런 것이다.

그러나 한국의 의원 관념은 이와는 다른 모양이다. 이를 극명하게 보여준 것이 금태섭 전 의원에 대한 징계. 민주당에는 권고를 넘어 강제라는 의미에서 '당론'이란 게 존재한다. 이게 얼마나 무시무시한지 의원 개개인을 '헌법기관'으로 규정한 헌법의 상위 규정 노릇을 할 정도다. 금 전 의원은 표결에 영향을 주지 않는 선에서 소신을 '무효'로 표했지만, 당론은 '양심의 자유'라는 헌법적 가치마저 처벌했다.

소신파와 완장파

의원을 바라보는 미국의 관념은 '자유주의적'이다. 개인을 집단보다 우선시한다. 반면 의원을 바라보는 한국의 관념은 '민주주의적'이다. 거기서는 개인의 소신보다 다수의 집단적 의지가 더 중요하다. 그래서 당 대표가 의원들에게 함구령까지 내린다. 대표가 당에 내리는 긴급조치인 셈인데, 올해만 벌써 네 차례 내려졌다. 이는 민주당식 민주주의가 자유민주주의보다 인민민주주의에 가깝다는 뜻이리라.

민주당이 요즘 낯설게 느껴지는 것은 그 때문이다. 물론 민주당에도 다양한 사람들이 존재한다. '조금박해'라 불리는 조응천·금태섭·박용진·김해영 등 '소신파'가 있는가 하면, 이해찬을 필두로 윤호중이나 정청래 같은 '완장파'도 있다. 이 두 부류 사이에는 별 색깔 없이 거수기 노릇을 하는 대다수의 의원이 존재한다. 이 중 헤게모니를 쥔 것은 물론 친문 완장파로, 그들의 견해가 바로 민주당의 '당론'이 된다.

자유주의 정당이라면 소신파가 당의 주류를 이룰 게다. 하지만 민주당에서 소신파는 유감스럽게도 극소수이고, 당의 주류를 이루는 것은 강성 완장파다. 당이 80년대 운동권 조직 느낌을 주는 것은 그 때문이다. 같은 당에 있어도 소신파와 완장파는 멘탈리티가 사뭇 다르다. 소신파의 마인드가 자유주의적이라면, 완장파의 그것은 비(非)자유주의적이며, 심지어 반(反)자유주의적 색채를 띠기도 한다.

예를 들어 비주류 정성호 의원은 "상임위 협상을 원점에서 다시 시작해야 한다"라고 주장한다. 갈등을 대화와 타협으로 풀려는 전형적인 의회주의 마인드다. 주류 완장파는 생각이 다르다. '힘이 있는데 왜 양보를 하는가. 상임위원장 18석을 모두 차지하라는 게 선거로 표를 몰아준 국민의 뜻이다.' 그들에게 정치는 '협상'이 아니라 다수의 힘으로 상대를 제압하는 '전쟁'일 뿐이다. 전형적인 슈미트주의다.

소신파의 '소신'은 주로 당이 보편적 '원칙'에서 벗어날 때 표출된다. 이들은 법무장관 인사청문회에서는 후보의 이중성을 질타했다. 윤미향 사태에서는 당에 신속한 정리를 주문했다. 이처럼 소신파는 원칙의 보편성과 논리의 일관성을 중시한다. 이들 정치적 자유주의자의 철학적 토대를 이루는 것은 칸트의 정언명법이다. "네 의지의 준칙이 항상 동시에 보편적 입법으로서 타당할 수 있도록 행위하라."

반면 '완장파'는 원칙의 보편성이나 논리의 일관성에 구애받지 않는다. 그들은 보편성보다 당파성을 중시한다. 자기들의 특수이익이 곧 사회의 보편이익이라 굳게 믿기 때문이다. 그들에게 중요한 것은 논리적 일관성이 아니라 상황적 효율성. '내로남불'은 그들에게 아무 문제도 되지 않는다. 필요하다면 어제 한 말을 오늘 바꿔버릴 수도 있다. 이를 그들은 외려 실천적 유연성으로 이해한다.

원칙이성과 기회이성

물론 정치인들은 그동안 여야를 가리지 않고 내로남불을 해왔다. 하지만 그렇다고 그들이 슈미트주의자인 것은 아니다. 그들이 과거에 했던 발언이나 과거에 세운 기준을 번복하며 사과를 하거나 부끄러워하거나, 아니면 최소한 민망해한다면, 그들은 여전히 원칙의 보편성과 논리의 일관성을 정치의 토대로서 인정하는 것이다. 슈미트주의자들은 다르다. 그들은 아예 보편성과 일관성 자체를 포기한다.

자유주의자들은 이른바 '원칙이성(Grundsatzvernunft)'에 따라 사유하고 행동한다. 그들은 사람이나 상황에 따라 달라지지 않는 보편적·추상적 기준을 갖고 있다. 그들은 이 기준들을 원리·규범·규칙·방법 혹은 신조로 삼아 유사한 모든 경우에 동일하게 적용하고, 그로써 문제의 보편적 해결을 추구한다. 사람에 따라, 상황에 따라 말을 바꾸거나 기준을 바꾸는 것은 이들에게 있을 수 없는 일이다.

이와 달리 전체주의자들은 '기회이성(Gelegenheitsvernunft)'에 따라 사유하고 행동한다. 그들은 보편적 기준 없이 매사 그때그때 상황의 필요에 따라 판단한다. 그들에게 중요한 것은 눈앞에 닥친 개별 사안을 그때그때 편의에 맞게 처리해내는 상황적 합리성이다. 그들은 그 해법을 나중에 유사한 다른 경우에 적용할 수 있도록 일반적·보편적 원칙으로 만드는 일에는 아무 관심이 없다.

지금 민주당을 지배하는 것이 바로 친문 완장파의 이 기회이성이다. '정치개혁'을 한다더니 상황이 급해지니 위성정당을 만든다. 검찰총장에게 '산 권력에도 칼을 대라' 하더니 정작 그 말대로 하니 당정청이 달려들어 수사를 방해한다. 야당 시절엔 인사청문회 공개를 주장하다가 여당이 되니 청문회 비공개법부터 만든다. 이 미봉(ad hoc)과 즉흥(ad lieb) 속에 보편성이나 일관성이 있을 리 없다.

인사도 마찬가지. 그동안 민주당은 도덕적 사유로 수많은 이를 청문회에서 낙마시켰다. 하지만 그 기준이 조국에게는 적용되지 않는다. "불법만 없으면 무방하다." 기준을 인물에 적용하는 게 아니라 인물에 맞춰 기준을 정한다. 그게 지켜지는 것도 아니다. 양정숙 의원은 의혹만으로 즉각 제명하더니 그 많은 의혹에도 윤미향은 제명하지 않았다. 여기서 인사의 보편적 기준을 찾기란 불가능하다.

어쨌든 조국이라는 인물에 맞추어 제정한 그 기준도 다른 경우에 적용되는 보편성을 가진 게 아니다. 검찰에 기소되기 전까지는 '무죄추정의 원칙'에 따른다더니, 한동훈 검사장은 그 이름이 제3자들 간의 대화에서 언급됐다는 이유만으로 감찰이 시작되기도 전에 좌천되었다. 이것이 친문 '완장파' 특유의 기회이성이다. 문제는 이 기회이성의 화신이 이 나라에서 법무장관을 하고 있다는 데에 있다.

추미애 장관은 조국 사태가 한창이던 2019년 11월 검찰의 수사·기소 주체 분리 방안을 검토하겠다고 했다. 형사소송법과 검찰청법 위반이다. 제 사람인 서울중앙지검장 결재 없이 최강욱을 기소한 수사팀을 감찰하겠다고도 했다. '검찰총장이 검찰 사무를 총괄 지휘·감독한다'라는 검찰청법 12조 위반이다. 2월엔 "내가 책임지겠다"라며 청와대 울산시장 선거개입 공소장을 비공개하기로 했다. 이건 그냥 망발이다.

장관의 기회이성이 이미 확립되어 있는 법질서까지 흔드는 것이다. 조국·최강욱·송철호와 청와대 사람들 앞에서는 이렇게 법이라는 보편원칙마저 무력해진다. 조국 가족에 대해서는 피의사실 공표를 엄격히 막던 장관이 채널A 기자의 피의사실은 입으로 줄줄이 흘린다. 그와 현격한 대조를 이루는 게 윤석열 검찰총장. "나는 사람에게 충성하지 않습니다." 이는 사람에 따라 달라지지 않는 원칙이성의 선언이다.

참을 수 없는 존재의 뻔뻔함

결국 총장과 장관의 갈등은 두 이성, 즉 '원칙이성'과 '기회이성'의 충돌인 셈이다. 도처에서 정의와 공정의 확립된 기준이 무너져 내린다. 나라가 친문 완장파의 기회이성으로 통치되고 있기 때문이다. 규범의 보편성이라는 자유주의 신조를 겨냥한 전체주의 습속의 공격. 이 위협을 과장할 필요는 없다. 하지만 간과해서도 안 된다. 완장파의 기회이성은 이미 다수 대중의 의식에 깊이 뿌리를 내렸기 때문이다.

그들은 왜 저토록 뻔뻔한가. 간단하다. 애초 우리와 다른 이성을 가졌기 때문이다(이들의 기회이성을 전문용어로 '잔머리'라 부른다). 원칙이성의 소유자는 말이나 기준을 바꿀 때 부끄러움을 느낀다. 반면, 보편성이나 일관성에 매이지 않는 머리는 애초에 부끄러움을 느낄 수가 없다. 반성도 모른다. 반성은 자신이 보편적 규범에서 벗어났음을 인지해야 가능한데, 그 인지 자체가 안 되기 때문이다

친문 완장파에게는 모든 개별적 경우가 규칙을 새로 제정해야 할 제헌적 상황이다. 그래서 매 순간 자기들은 혁명가다. 그들은 자기들의 기회이성이 원칙이성보다 우월하다고 믿는다. 원칙이성은 기존질서를 수호하는 이론가들의 것이고 기회이성은 세상을 바꾸는 실천가들의 것. 그래서 규범을 어기고도 부끄러워하지 않고 외려 자랑스러워하는 것이다. 참을 수 없는 존재의 뻔뻔함은 여기서 나온다.

"세상이 바뀌었다는 것을 확실히 느끼도록 갚아주겠다." 최

강욱 의원의 머리는 '증명서 허위 발급이 보편적 규범이 되면 사회가 어떻게 될까?'라는 당연한 물음을 떠올리지 못한다. 재판 도중 법정을 박차고 나오려 한 것도 그에게는 기존 질서를 무효화하는 혁명가의 정의로운 제헌적 폭력일 게다. 80년대 전체주의 정치학이 이렇게 친문 완장파의 습속으로 남아 이 나라를 기분 나쁜 색조로 물들이고 있다.

제5부

대통령이란 무엇인가

짓밟힌 노무현의 꿈

더불어시민당과 열린민주당 관계자들이 봉하마을을 찾았다. 총선을 앞두고 두 위성정당 사이에 적통경쟁이 벌어진 것이다. 노무현 전 대통령이 지하에서 뭐라고 하실까. 봉하마을에서는 민주당에 묻어온 '시민당' 사람들은 만나주고 '열린당' 사람들은 덕담만 해주고 돌려보냈다고 한다. '조국수호당'이라 불리는 열린당은 출범식에서 이렇게 선언했다. "공정과 공평, 정의가 살아 숨 쉬는 세상을 만들겠다." 어이가 없다. 이 꼴을 지켜보는 정신적 고문을 최소한 2년은 더 받아야 한다.

열린민주당 대표와 당원들이 경남 김해 봉하마을 노무현 전 대통령 묘역을
참배하고 있다.

그의 꿈은 어디로 갔을까

서로 다투는 듯하나 두 당은 어차피 선거 후 민주당에 들어가 하나가 될 것이다. 민주당으로서는 위성정당을 둘이나 거느린 셈이다. 심지어 텃밭이 넓어졌다고 좋아한다는 이야기까지 들린다. '조국수호당'의 부정적 이미지를 열린당에서 가져간 것도 민주당에 나쁘지 않을 게다. 중도층은 중도층대로 시민당에 묶어놓고, 극렬 지지층은 열린당에 잡아둘 수 있기 때문이다. 쌍끌이 정치망 조업으로 바닥 표까지 샅샅이 훑어 작은 정당들의 씨를 아예 말려버리고 있는 것이다.

독일의 선거제에서는 정당이 정확히 지지율만큼의 의석을 받는다. 한국에선 10퍼센트 지지를 받아도 의석은 고작 2퍼센트 남짓. 무려 8퍼센트를 양대 정당에서 빼앗아간다. 선거제 개혁의 취지는 이 구조적 불공정을 바로잡는 데에 있었다. 하지만 민주당이 위성정당을 둘이나 거느리는 바람에 이 알량한 2퍼센트 의석마저 위태로워졌다. 이번 총선이 끝나면 지난 4년간 유지되던 다당제는 무너지고, 지역에 뿌리를 둔 양당제가 그 어느 때보다 강화된 형태로 돌아올 것이다.

문제는 두 위성정당이 이런 정치적 퇴행을 하면서 전직 대통령들의 이름을 판다는 데에 있다. 두 당은 김대중-노무현 대통령의 묘역을 참배하는 것으로 선거운동을 시작했다. 널리 알려진

제5부 대통령이란 무엇인가

것처럼 두 대통령의 꿈은 선거제를 되도록 독일식 비례대표제에 가깝게 바꾸는 것이었다. 그 꿈을 짓밟은 이들이 그분들의 묘 앞에 서 있는 모습이 을씨년스럽기까지 하다. 그들이 원하는 것은 김대중-노무현의 '정신'이 아니다. 그들의 손에서 두 대통령은 이미 마케팅에 필요한 '상표'로 전락했다.

노무현 전 대통령의 《운명이다》에는 2004년 총선을 앞둔 심경을 담은 글이 실려 있다. 거기서 노 전 대통령은 한국의 정치 현실을 이렇게 한탄한다. "개선된 것이라곤 비례대표 의석을 정당 지지율로 나누기 위해 도입한 1인2표제 하나뿐이다. 그것도 국회가 만든 게 아니라 헌법재판소의 위헌결정 때문에 겨우 도입할 수 있었다." 두 위성정당은 그렇게 어렵게 도입된 알량한 '1인2표제'마저 누더기로 만들어버렸다. 그의 묘역을 찾은 이들이 노무현의 정신을 유린한 것이다.

아무도 원망하지 말라

책에서 노 전 대통령은 이렇게 말한다. "1등만 살아남는 소선거구제가 이성적 토론을 불가능하게 만드는 지역 대결 구도와 결합해 있는 한, 우리 정치는 한 걸음도 앞으로 나아갈 수 없다." 소선구제 아래에서는 "정책개발보다 다른 지역 정당과 지도자에 대한 증오를 선동하는 것이 훨씬 효과적인 선거운동 방법이 된다. 모든 정당에서 강경파가 발언권을 장악한다. 대화와 타협의 정치가 발붙이기 어렵다. 국회의원을 대폭 물갈이해도 소용이 없다." 그는 이를 "대한민국 정치의 근본문제"로 보았다.

해법도 제시했다. "성숙한 민주주의, 대화와 타협의 정치를 이루려면 사람만이 아니라 제도도 바꾸어야 한다. 모든 지역에서 정치적 경쟁이 이루어지고 소수파가 생존할 수 있는 제도적 환경을 만들어야 한다. 그래야 인재와 자원의 독점이 풀리고 증오를 선동하지 않고도 정치를 할 수 있다." 그에게 선거제 개혁은 "국가의 미래가 달린 과제"였다. "나는 선거구제를 바꾸는 것이 권력을 한번 잡는 것보다 훨씬 큰 정치 발전을 가져온다고 믿는다."

권력을 한번 잡는 것보다 선거구제 개혁이 중요하다던 노무현의 정신은 어디로 갔을까. 민주당은 원내 1당의 지위를 놓치지 않으려 자기들이 도입한 선거 제도를 스스로 무력화했다. 그들이 원하는 것은 '노무현'이라는 상징자본뿐, '노무현의 철학' 따위는 애초 필요가 없었던 것이다. 사실 선거법 개정도 내켜서 한 일은 아니다. 그들의 유일한 관심사는 검찰개혁. 선거법 개정도 '공수처'를 도입하는 데에 소수야당의 협조가 필요해 울며 겨자 먹기로 한 것뿐이다.

사실 '공수처'는 고위 권력층 사이의 파워게임에 관한 문제라서민의 삶과는 별 관계가 없다. 그런데도 그게 최우선의 개혁과

　　　　　　　　　　제5부 대통령이란 무엇인가

제가 된 것은 노무현의 죽음에 대한 친노 그룹의 원한 때문이다. 그 원한은 대중들 사이에 폭넓게 공유되는 것이기도 하다. 노 전 대통령의 죽음에 책임이 있는 우병우와 이명박 전 대통령은 구속되었다. 정의는 회복되었다. 하지만 '원한'은 사라지지 않았다. 표적이 바뀌었을 뿐이다. 이제 그들의 '증오'는 자신들이 임명한 검찰총장을 향한다.

왜 그럴까? 원한에 정치적 효용이 있기 때문이다. 대중의 원한과 증오는 지금 조국 사건, 감찰 무마와 선거개입, 라임 펀드 등 권력을 향한 검찰의 칼을 막는 데에 요긴하게 쓰이고 있다. 원한과 증오의 감정은 워낙 강렬해 표적이 사라지면 다른 대상으로 '전이'를 해서라도 자신의 존재를 지속하려 한다. 문팬들은 이제 윤석열 저주인형에 바늘을 찔러 넣는다. 이 험한 꼴을 미리 예견했던 것일까. 노 대통령은 유언으로 "누구도 원망하지 말라"라는 말을 남겼다.

주인의 도덕과 노예의 도덕

니체는 '주인의 도덕'과 '노예의 도덕'을 말한다. 주인의 도덕은 능동적·창조적이다. 주인은 스스로 선함으로써 상대를 악하게 만든다. '나는 선하다. 고로 너는 악하다.' 반면 노예의 도덕은 수동적·반동적이다. 노예는 상대의 악을 통해 자신의 선을 확보한다. '너는 악하다. 고로 나는 선하다.' 니체에 따르면 노예의 도덕은 핍박당한 자의 '원한(ressentiment)'에서 나온다. 누구도 원망하지 말라는 노 대통령의 말은 노예가 아닌 주인이 되라는 당부였으리라.

그러나 민주당은 그동안 자신을 선하게 만들어주는 가치들을 내버리고 줄곧 원한의 정치만 해왔다. '저들이 악하므로, 나는 무슨 짓을 해도 선하다.' 그렇게 선한 자신들을 검찰이 수사한단다. 이를 막으려고 그들은 노 전 대통령의 죽음에서 비롯된 원한을, 그의 죽음과 아무 관계도 없는 검찰총장에게 돌려놓았다. 최강욱 의원은 자기를 기소한 검찰총장을 공수처 수사대상 1호로 지목했다. 검찰개혁이 사적 원한을 갚기 위한 보복수단으로 전락한 것이다.

그들은 노무현을 철저히 이용해먹었다. 노무현은 자신의 죽음으로써 '도덕성을 생명으로 여기라'라는 메시지를 남겼다. 하지만 친문은 거기서 우리만 도덕적일 필요는 없다는 교훈을 배웠다. 노무현은 참여정부의 실패를 반성했다. 친노는 오류를 인정하지 않고 책임을 "입진보"들에게 돌린다. 노무현은 아무도 원망하지 말라고 했지만, 그들은 대중의 원한과 증오를 부추긴다. 그리하여 노무현의 '깨어 있는 시민'을 기어이 '대가리가 깨져도 문재인'을 외치는 네트 위의 깡패로 바꾸어놓고 말았다.

'노무현의 꿈'을 '운명'으로 끌어안은 이가 대통령이 되었다. 그런데 이상하게도 세상은 노무현의 꿈에서 더 멀어졌다. 증오를 선동하지 않는 정치를 만들려던 그의 꿈은 짓밟혔다. 선거 때 그의 무덤 앞에 늘어선 그자들의 발에 무참히 짓밟혔다. 원칙을 지키는 바보들의 세상은 오지 않는다. 기회주의자들이 설치는 세상에서 바보는 그냥 바보일 뿐이다. 그런 의미에서 '바보' 노무현의 죽음은 실은 그를 닮고 싶어한 모든 바보들의 죽음이기도 하다.

노무현의 시대가 왔는데 노무현이 없다

이제는 부르주아 속물이 다 됐지만 우리도 한때는 순수
했었다. 그 시절 우리는 술자리에서 종종 브레히트의 시를
낭송했다.

16세의 봉제공 엠마 리이스가
체르노비치에서 예심판사 앞에 섰을 때
그녀는 요구받았다
왜 혁명을 호소하는 삐라를 뿌렸는지
이유를 대라고

베르톨트 브레히트는 독일의 극작가, 시인 그리고 연출가다. '낯설게 하기'
라는 개념을 연극 연출에 사용한 것으로 유명하다. 표현주의를 거친 신즉
물주의적 스타일로, 현실에 대한 가차 없는 비판과 풍자를 극화한 니힐리스
트다. 후에 사회주의자가 되었다.

이에 답한 후 그녀는 일어서 부르기 시작했다

인터내셔널을

예심판사가 손을 내저으며 제지하자

그녀는 매섭게 외쳤다

기립하시오! 당신도 이것은

인터내셔널이오!

살아남은 자의 슬픔

시의 낭송은 늘 인터내셔널가 합창으로 이어지곤 했다. 속물의 심장도 여전히 왼쪽에서 뛰는 모양이다. 아직도 이 노래는 내 가슴을 뭉클하게 만든다. 〈스파이더맨〉 영화를 본 어린이들이 극장 밖으로 나와서도 벽에 달라붙듯이, 한때 사회주의 이상에 취했던 '어른이'는 냉정한 현실에 살면서도 그 시절의 혁명적 순수성을 잊지 못한다. 하긴 자크 데리다와 같은 철학의 대가도 인터내셔널을 들으면 가슴이 뭉클해진다고 했다.

이 시를 쓴 브레히트는 나치 시절 박해를 피해 해외에서 망명 생활을 했다. 고국에 남아 투쟁하다가 처형당하는 동지들을 두고 저 혼자 도망쳐 살아남은 게 죄스러웠던 모양이다. 〈살아남은 자의 슬픔〉(1942)에 그 심경을 담았다. "물론 나도 안다. 그저 행운이었다는 것을. 내가 친구들보다 오래 살아남은 것이. 근데 지난밤 꿈속에 그 친구들이 내 이야기를 하더군. '강한 자가 살아남는 법'이라고. 그러자 나는 자신이 미워졌다."

아직 순수했던 시절 우리에게도 그런 죄책감이 있었다. 민주화 운동을 하다가 목숨을 잃은 학우들, 광주에서 도청을 지키다 스러진 동지들, 노동 현장에서 분신한 수많은 노동형제들. 그 죽음 앞에서 저만 살아남았다는 사실 자체를 죄스럽게 여기던 시절이 있었다. 하지만 그렇게 살아남은 우리는 이제 더는 슬프지 않다. 죄스러움 따위 잊은 지 오래. 우리 세대는 그들의 희생을 팔아 어느새 이 사회의 '강한 자'로 군림하게 되었다.

지금도 하루에 두 명씩 비정규직 노동자들이 죽어 나간다. 하지만 이들을 지켜주는 일은 어느 보수 문인에게 맡겨놓고, 진보의 노멘클라투라로 변신한 그들은 사회 곳곳에 기득권의 망을 구축해놓고 서로 부패할 권리를 지켜주느라 여념이 없다. 한때 노동해방을 외치던 노동자들도 지금은 자본가와 손잡고 비정규직 노동자의 피와 땀을 빤다. 그들이 '열사'로 시성(諡聖)해 모란공원에 모신 무덤 중 일부는 관리비마저 밀려 있다.

배반당한 혁명

소련의 예가 보여주듯이 혁명은 성공하는 순간 반혁명이 된다. 권력을 잡은 혁명은 그 권력으로 먼저 혁명가들부터 제거하기 때문이다. 브레히트도 이를 모르지 않았다. 〈의심을 찬양함〉(1939)에서 그는 이렇게 경고한다.

> 이제 지도자가 된 당신은 잊지 말아라,
> 당신이 옛날에 지도자들에게 의심을 품었기에,
> 당신이 지금 지도자가 되었다는 것을!
> 고로 당신을 따르는 이들에게 의심하는 것을 허용하라!

촛불혁명도 혁명의 이 일반적 운명을 따르는 모양이다. 벌써 대통령에게 의심을 품는 일은 허용되지 않는다. 선동가의 말 한마디에 방송사의 법조팀이 날아가고, 비판적 기자들은 '기레기'로 몰려 대중에게 조리돌림을 당한다. 터부가 된 재단에 관련된 정권실세의 비리를 폭로한 기자는 결국 회사를 그만둬야 했다. 'K'자 붙은 국뽕 속에 노골적인 지도자 찬양이 난무하는 가운데 어용언론들은 비판의 목소리를 잠재우느라 여념이 없다.

1953년 여름 동베를린의 인민들이 공산정권에 맞서 봉기했을 때 브레히트는 이렇게 썼다.

6월 17일 인민봉기가 일어난 뒤

작가연맹 서기장은 스탈린가(街)에서

전단을 나누어 주도록 했다.

그 전단에는, 인민들이 어리석게도

정권의 신뢰를 잃어버렸으니

이는 오직 두 배의 노동을 통해서만

되갚을 수 있다고 쓰여 있었다. 그렇다면 차라리

정권이 인민을 해산해버리고

인민을 새로 선출하는 것이

더욱 간단하지 않을까?

어디서 본 듯하지 않은가. 이용수 할머니가 정의연의 비리를 폭로하자 정권의 지지자들이 그를 공격하고 나섰다. 1953년 여름 동베를린 거리의 작가연맹처럼 여성단체와 운동권 글쟁이들이 여기저기에 '글질'을 해댔다. 그들의 글에는 할머니들이 어리석게도 토착왜구의 꾐에 빠져 운동권의 신뢰를 잃었다고 적혀 있었다. 그렇다면 정의연이여, 민주당이여, 차라리 할머니들을 해산하고 할머니들을 새로 뽑는 게 더 간단하지 않겠는가.

강한 자는 역사를 고쳐 쓴다

　운동이 할머니들을 위해 존재하는 게 아니라 할머니들이 운동을 위해 존재하게 됐다. 대체 무엇을 위한 운동이었을까? 문 팬덤이 이 운동의 '배신자'에게 늘어놓은 악담은 차마 옮겨 적을 수 없을 정도다. 음모론 교주는 이용수 할머니가 누군가의 사주를 받았다고 우겼다. 어느 신문은 '물에 빠진 할머니를 구해줬더니 보따리(의원직) 내놓으라 한다'는 만평을 실었다. 솔직해서 좋다. 그래, 보따리는 원래 민중의 것이 아니라 운동가의 것이었지.

　하긴, 그것이 혁명의 일반적 법칙이긴 하다. 원래 혁명은 인민을 위한 것이었으나, 후에는 인민이 혁명을 위해 존재하게 되는 법. 촛불혁명도 혁명의 이 일반적 경로를 따랐다. 촛불혁명은 국민을 지켜주지 못한 대통령을 몰아냈다. 하지만 그 혁명이 세운 것은 '국민을 지켜주는 대통령'이 아니라 '국민이 지켜줘야 할 대통령'이었다. 그 대통령은 정말로 인민을 선출했다. 40퍼센트의 국민을 선출했다. 그들이 국민이다. 오직 그들만이 국민이다.

　승리한 혁명은 역사도 고쳐 쓰려 한다. 촛불의 혁명가들도 압승 후 바로 역사의 날조에 착수했다. '친노 대모'의 복권을 위해 이들은 대법원에서 확정된 '사실'까지 뒤집기로 했다. 친노 일족을 신성가족으로 기술하는 혁명서사의 편찬에는 어용매체들이 총대를 멨다. 하지만 그들이 대중의 눈을 가리려 아무리 먹물을 뿌려도 절대로 감출 수 없는 물음이 있다. '한만호의 1억짜리 수표가 왜 대모님 동생의 전세금으로 사용됐는가?'

이 모든 사태의 출발에는 대통령이 있다. 그는 한명숙 전 총리가 억울한 누명을 썼다고 확신한다. 물론 한 전 총리는 별건수사의 희생양이었고, 노 전 대통령에 대한 수사는 정치적 보복이었다. 하지만 그렇다고 친노대모가 수표를 받은 사실이 사라지는 것도 아니고, 친노대부의 가족에게 금품과 명품시계가 건네진 사실이 사라지는 것도 아니다. 대부와 대모의 억울함을 풀어주는 게 아무리 중요해도, 있었던 일을 없었던 일로 할 수는 없지 않은가.

노무현의 마지막 숨결

이 문제는 어떻게 풀어야 했는가? 해법은 브레히트의 시에 담겨 있는지도 모른다. 1949년의 어느 날 그는 이렇게 썼다. "벌어진 일은 이미 벌어진 것. 물을/와인에 부어 넣은 이상/다시 떼어낼 수는 없는 일. 하지만/모든 것은 변화한다. 새로운 출발은/오직 마지막 숨으로만 할 수 있다." 시간은 비가역적이다. 이미 벌어진 일을 되돌릴 수는 없다. 그렇다고 상황을 바꿀 수 없는 것은 아니다. 굳이 과거를 왜곡하지 않아도 새 출발은 가능하다.

브레히트는 그 일이 "오직 마지막 숨으로"만 가능하다고 말한다. 노무현 전 대통령도 그렇게 생각했을 것이다. 벌어진 일을 되돌릴 수는 없다. 설사 그것이 진보와 보수 모두가 공유했던 공공연한 관행이었다 할지라도, 그것이 옳은 일은 아니다. 그 관행은 바뀌어야 하는데, 그러려면 "마지막 숨"이 필요하다. 그래서 그는 과거를 부정하거나 변명하지 않고 우리가 새 출발을 하도록 '나를 버리라'며 자신의 "마지막 숨"을 선택한 것이다.

하지만 그의 이름을 파는 이들 중 그의 뜻을 이해한 이는 아무도 없다. 그의 "마지막 숨"에서 그들은 고작 우리끼리 지켜줘야 한다는 교훈을 배웠다. 그래서 서로 비리를 덮어주고 변명해주고, 이미 벌어진 일을 지우려 하는 것이다. 그는 "누구도 원망하지 말라"라고 했으나, 그의 후예들은 원망을 아예 원한으로 발전시켜 자신들의 자산으로 요긴하게 써먹고 있다. 가끔은 저들의 그 '원망'조차 과연 진정성이 있는 것인지 의심스럽다.

그의 "마지막 숨결"은 친노폐족의 과거를 미화하고 친문주류의 특권을 지키는 데에 활용되었다. 상황은 변하지 않고, 새 출발도 이루어지지 않았다. 아니, 상황은 더 나빠졌고 새 출발은 불가능해졌다. 노무현은 "반칙과 특권 없는 세상"을 외쳤으나, 그들은 반칙과 특권이 세습되는 세상을 만들었다. 노무현 전 대통령은 두 번 죽었다. 한번은 적의 손에, 한번은 친구의 손에. 적은 그의 육신을 죽였지만, 친구는 그의 정신을 죽였다.

지난 5월 23일 봉하마을에서 노무현 전 대통령 11주기 추도식이 열렸다. 이 자리에서 이해찬 민주당 대표는 포스트 노무현의 시대를 선언했다. "노무현 대통령이 주창했던 깨어 있는 시민, 권위주의 청산, 국가균형발전, 거대 수구언론 타파가 실현되고 있다. 깨어 있는 시민의 조직된 힘이 노무현 없는 포스트 노무현 시대를 열어냈다." 포스트 노무현의 시대에는 그의 말대로 노무현이 없다. 그들에게 영혼까지 살해당했기 때문이다.

대통령은 어디로 갔는가

조지 6세는 훌륭한 연사가 아니었다. 그는 말을 심하게 더듬었다. 그런데도 1939년에 행한 그의 대독 선전포고 연설은 사상 최고의 연설 중 하나로 꼽힌다. 더듬지 않으려고 때때로 문장을 끊고 숨을 고를 때, 거기서 우리는 국가를 위해 능력을 넘어선, 거의 불가능한 임무를 떠맡아 제 한계에 맞서는 한 인간의 고투를 본다. 그의 사명감은 연설을 듣는 영국의 국민에게 고스란히 전해졌다.

대통령의 연설에는 철학과 비전이 담겨야 한다. 2000년 12월 노르웨이 오슬로시청에서 노벨평화상 수상 직후 연설하고 있는 김대중 대통령, 2007년 개헌 관련 연설을 하고 있는 노무현 대통령, 지난 5월 취임 3주년 특별연설을 하고 있는 문재인 대통령(왼쪽부터).

지도자의 연설

전설적인 연설들이 있다. "국민의, 국민에 의한, 국민을 위한 정부." 미국이라는 국가의 민주적 정체성을 천명한 링컨의 게티스버그 연설. "나는 베를린 시민입니다." 소련으로부터 자유국가를 수호하겠다는 미국의 약속을 전 세계에 발신한 케네디의 베를린 장벽 연설. 그리고 "군산복합체"의 위험을 경고한 아이젠하워의 마지막 연설. 이때 그가 경고했던 많은 것이 훗날 현실로 드러난다.

우리에게도 한때 시대정신을 상징하는 연설가들이 있었다. 김대중 전 대통령은 혹독한 군사정권 시절 독재에 신음하는 국민에게 언젠가 실현될 민주국가의 비전을 보여주었다. 재임 중에는 '지식 기반 경제'의 표어로 디지털 경제의 방향을 제시했다. 퇴임 후 보수정권 아래서는 민주주의의 후퇴를 목도하고 국민의 역할을 촉구했다. "행동하는 양심이 됩시다. 행동하지 않는 양심은 악의 편입니다."

노무현 전 대통령은 수사학의 대가였다. 장인의 좌익 경력이 문제가 됐을 때 그는 이 한마디로 전세를 단숨에 역전시켰다. "그럼 아내를 버리란 말입니까?" 현장의 감동을 살리려고 그는 종종 원고를 무시하고 즉석연설을 즐겼다. 격식을 깨는 투박하고 솔직한 어법은 청중을 매료시켰고, 거기서 아직도 인용되는 수

많은 명언이 탄생했다. "민주주의 최후의 보루는 깨어 있는 시민의 조직된 힘입니다."

철학의 빈곤과 야쿠자의 도덕

지난 6월 전·현직 청와대 참모들과 가벼운(?) 설전을 벌인 적이 있다. 발단은 어느 강연에서 한 나의 발언. "위안부 운동을 흔들어서는 안 되며 시민단체의 회계는 투명해야 한다"라고 대통령이 말한 바 있는데, 한 달을 기다려 들은 대통령의 이 발언이 실망스러웠나 보다. 질의응답 시간에 누군가가 내 의견을 물었다. "대통령이라면 사회정의를 위해 더 적극적인 역할을 했어야 하는 거 아닙니까?"

그 지적에 동의하며 나는 "문재인 대통령은 김대중·노무현 대통령과 달리 철학이 없다. 남이 써준 원고나 읽는 의전 대통령 같은 느낌"이라고 답했다. 이 말에 전직 청와대 참모들이 일제히 발끈했다. 내 말을 반박한다며 대통령이 원고를 교정하는 사진을 올렸다. '철학의 부재'를 고작 '교정의 존재'로 반박하는 걸 보니, 내심 김대중·노무현이 아니라 박근혜를 경쟁자로 여기고 있었던 모양이다.

이 히스테리는 징후적이다. 만약 내가 '김대중·노무현 전 대통령에게는 철학이 없다'라고 했다면 어땠을까? 다들 웃어넘겼을 것이다. 하지만 불행히도 '문 대통령은 철학이 없다'라는 말은 그렇게 우습게 들리지 않는다. 김 전 대통령은 남북화해의 신념을 지키려 '빨갱이' 누명을 무릅썼고, 노 전 대통령은 지역주의와 싸우려 확정된 패배를 각오했다. 문 대통령에게는 그런 도덕적 추진력(virtus)이 보이지 않는다.

철학의 빈곤은 통치에 반영되기 마련이다. 대통령의 발언에는 정작 국민이 듣고자 했던 이야기가 쏙 빠져 있었다. '윤미향의 거취를 어찌할 것인가?' 여당은 범법만 없으면 문제없다며 판단을 검찰에 맡겼다. 반면 국민 대다수는 생각이 달랐다. 그들은 이용수 님과의 갈등은 차치하고 회계 부실, 안성 쉼터, 개인 통장 등 드러난 사실만으로도 윤미향이 의원직에 필요한 도덕적 자격을 잃었다고 보았다.

판단의 기로에서 대통령은 여당 편에 섰다. 그냥 회계를 개선하는 선에서 마무리하자는 인식이다. 문제는 그가 따라간 여당의 윤리 관념이 '법만 지키면 모든 것이 허용된다'라는 야쿠자 도덕이라는 데에 있다. 법은 윤리의 극히 일부만 규제한다. 위법이 아닌 부도덕도 수없이 많다. 사업을 합법적으로 한다고 야쿠자가 어디 윤리적이던가? 그런데 이 야쿠자 도덕을 공직 임명의 원칙으로 추인해준 것이다.

국민의 70.4퍼센트가 윤미향 의원의 즉각 사퇴를 원했다. 국민 대다수는 법으로 규제할 영역과 윤리로 규제할 영역이 따로 있다고 본다는 이야기다. 그런데 대통령에게는 이 구별이 없다. 대통령은 집권 여당이 아니라 국민 전체를 대표해야 한다. 여당이 윤리의 궤도에서 벗어났을 때에는 국민의 편에 서서 공공선을 수호했어야 한다. 하지만 대통령은 윤리적 개입을 포기하고 '제 편 지키기'를 택했다.

이번뿐인가? 조국 전 장관도 범법만 아니면 된다는 참모의 건의에 따라 임명을 강행했다. 야쿠자 도덕이 이 나라 공직 임명의 기준이 된 것이다. 뒤늦게 조국을 내친 것도 도덕의 명령에 따른 윤리적 행위라기보다는 하락하는 지지율에 대한 물리적 반응에 가까웠다. 더 절망스러운 것은 그 이후의 발언이다. 대통령은 낙마한 조국 전 장관에게 "마음의 빚이 있다"라고 했다. 이게 참모만의 문제가 아니었던 것이다.

대통령직의 윤리적 기능

법이 작은 원이라면, 윤리는 그것을 포함한 큰 원이라 할 수 있다. 큰 원에서 작은 원을 뺀 여집합이 법적 판단과 별도로 존재하는 윤리적 판단의 영역이다. 바로 거기가 지도자의 도덕 역량이 발휘되는 영역이며, 거기서 우리는 대통령의 통치 철학을 엿

본다. 하지만 '법=윤리'라는 야쿠자 등식은 그 영역을 증발시킨다. 설 곳을 잃은 통치 철학은 이제 지지율의 정치공학으로 대체된다.

"대통령 윤리는 그가 자기를 위해 일하는 이들에게 정해주는 '기준'을 통해, 혹은 의회와 법원이 그들에게 정해주는 '기준'을 통해 가장 잘 알려진다."(S. C. 길먼) 즉 대통령은 '기준'을 정해주는 행위로써 국가공동체의 성격을 결정한다. 그렇게 중요한 임무를 대통령은 남에게 내준 채 윤리를 포기해버렸다. 대통령직의 윤리적 기능이 망가지자 인사청문회라는 의회의 감시기능마저 무력화되었다.

당에서 위성정당을 만들어 '정치개혁'의 대의를 파괴해도 대통령의 윤리적 개입은 없었다. 이 중대한 사안을 놓고 의원들 사이에 토론조차 없었다. 통치의 철학은 양정철의 손에 들린 시뮬레이션 시나리오로 대체되었다. 노무현이라면 당장 윤리적 개입을 해서 당에 '원칙 있는 패배'를 주문했을 것이다. 그에겐 철학이 있었기 때문이다. "선거제 개혁이 우리가 권력을 한번 잡는 것보다 더 중요한 개혁이다."

철학의 부재는 심각한 문제로 이어진다. 원래 공화국은 '공무(res publica)'를 뜻한다. 그런데 "마음의 빚이 있다"라는 말은 사적 감정의 표현으로, 공화국의 대통령이 공식석상에서 할 수 있는 발언이 아니다. 국가 공동체의 가치를 세워야 할 대통령이 윤

제5부 대통령이란 무엇인가

리적 판단의 영역을 없애고, 그 공백을 '내 식구' 철학으로 채워 넣은 것이다. 민주공화국은 그렇게 친문세력의 사무(res privata)가 되어갔다.

'페미니스트 대통령'이 여성 혐오 발언으로 비난받는 이를 청와대로 부른다. 공동선의 표상이어야 할 공화국 대통령이 제 식구 챙기는 가장으로 행동한다. 그 식구들도 똑같다. 선거개입까지 해가며 아버지의 친구를 챙긴다. 윤리의 영역을 치워버린 것으로도 모자랐나? 최근에는 정의의 마지막 보루까지 흔들고 있다. 검찰총장을 공격하고 확정된 판결을 뒤집으려 든다. 이렇게 국가의 정의는 무너져간다.

이 나라의 정신적 대통령들

대통령의 답답함은 "고구마" 화법의 문제가 아니다. 말을 더 들어도 연설은 감동적일 수 있다. 그러려면 말에 에토스(ethos)가 실려야 한다. 그런데 대통령은 그것을 내버렸다. 아무리 시인을 데려다 치장해도 에토스가 빠진 말은 공허할 뿐. 그 많은 발언 중 인용할 게 없는 것은 그 때문이다. "기회는 평등하고 과정은 공정하고 결과는 정의로울 것이다." 한때 감동적이었던 이 말도 요즘은 비아냥거림에 인용된다.

"깨어 있는 시민의 조직된 힘"이라는 노무현의 꿈은 '달빛에 취한 깡패들의 조직된 폭력'으로 실현되었다. 그들이 동료 시민을 해코지하고 다녀도 대통령은 말리지 않고 이 반민주적 행태를 외려 "양념"이라 축성했다. 격려에 고무된 그들은 정권을 닮아갔고, 급기야 나라의 로고스는 음모론("냄새가 난다")으로, 에토스는 비리의 옹호("그럼 나경원은?")로, 파토스는 싸구려 신파("뭉클, 울컥")로 대체되었다.

이 모두가 통치 철학의 부재에서 비롯된 일. 그래서 그가 내게는 '의전대통령'으로 느껴진 것이다. 대통령에게 철학이 있었다면 제 식구의 비리에는 더 날카로운 칼을 들이대라 했을 것이다. 그 비리를 알린 기자들이 수난당하는 일을 제 정부의 수치로 여겼을 것이다. 문득문득 이 나라가 "죽창" 전사들의 왕국처럼 느껴지는 것은, 빛바랜 '대통령 윤리' 아래로 운동권 참모들의 색채가 배어나기 때문일 게다.

대통령이 비운 자리는 유시민의 날조와 김어준의 선동으로 채워졌다. 그동안 대중의 윤리의식을 형성한 것은 대통령이 아니라 이들의 말이었다. 사실상 이들이 이 나라의 '정신적' 대통령 역할을 해온 것이다. 이는 공화국 대한민국의 품격이 걸린 문제다. 부재하는 '대통령 윤리'는 원고를 수정하는 대통령 사진으로 가릴 문제도 아니고, '싸가지'니 '꼴값'이니 상스러운 욕설로 덮일 문제도 아니다.

문제는 그동안 대통령이 회피해온 '대통령직의 윤리적 기능'
이다. 언제부턴가 이 나라에 정의와 상식이 무너졌다. 국가가 아
노미에 빠졌을 때 '기준'을 세워 국가의 품격을 살린 것은 철학을
가진 지도자의 말. 그 말을, 이미 있는 기준마저 허무는 이 나라
대통령에게서 들을 수 없기에 딴 나라 지도자의 말을 인용한다.

> 지금 우리가 당면한 것은 (…) 무엇보다 도덕적 이슈다. 이는 세
> 세한 정책의 문제가 아니라 사회정의의 근본원리와 우리나라
> 의 성격이 걸린 문제다. (버락 오바마)

인위로 연출된 싸구려 감동에 물린 백성은 감동마저 이렇게
외국에서 빌어먹어야 한다.

지도자란 무엇인가

작년까지만 해도 대통령을 여전히 지지했다. 조국 사태 이후로도 한동안은 그에 대한 미련을 놓지 못했다. 이 모든 사태가 못된 참모들이 착한 대통령의 눈을 가려 생긴 일이라 믿었기 때문이다. 문재인이 누구인가. 노무현의 친구가 아닌가. 노 전 대통령은 생전에 자신을 "문재인의 친구 노무현"이라 소개하곤 했다. 노무현이 보증하는 이가 제정신으로 그런 결정을 내렸으리라고는 상상할 수가 없었다.

2020년 대통령의 신년 기자회견 장면. "공수처법과 검찰개혁, 검경수사권 조정 법안의 국회 통과에 이르기까지 조국 전 장관이 민정수석으로서, 또 법무부장관으로서 했던 기여는 굉장히 크다고 생각한다. 그분의 유무죄는 수사나 재판 과정을 통해서 밝혀질 일이지만, 그 결과와 무관하게 이미 조국 전 장관이 지금까지 겪었던 고초, 그것만으로도 저는 아주 크게 마음의 빚을 졌다고 생각한다."

세 번의 뜨악함

사실 문 대통령에게 뜨악한 적이 몇 번 있었다. 2017년 4월 민주당 대선후보 경선 당시 그의 경쟁자였던 이재명·안희정 후보는 문 팬덤에게 극심한 문자 테러를 당했다. 안희정 후보가 "질린다"라고 했을 정도다. 하지만 제 팬덤이 저지르는 이 패악질을 그는 "경쟁을 더 재미있게 만들어주는 양념"이라 표현했다. 노 전 대통령이었다면 틀림없이 그들의 반민주적 행태를 만류했을 것이다.

두 번째는 민주당 대선후보로서 세월호 분향소를 방문해 방명록에 "고맙다"라고 적었을 때였다. "얘들아 너희들이 촛불광장의 별빛이었다. 너희들의 혼이 1000만 촛불이 되었다. 미안하다. 고맙다." 여기서 '미안하다'라는 말은 이해가 된다. 하지만 '고맙다'라는 것은 대체 무슨 뜻일까? '너희들의 혼이 1000만 촛불이 되어주어서 고맙다'? 나는 아직도 이 문장의 뜻을 이해하는 데에 어려움을 겪고 있다.

하지만 그에 대한 지지를 철회한 결정적 계기는 신년 기자회견이었다. 거기서 그는 조국 전 장관에게 "마음의 빚이 있다"라고 했다. 임명을 강행한 게 참모들이 아니라 대통령 본인의 뜻이었던 게다. 사석에서라면 물론 그런 말을 할 수도 있다. 그게 외려 미덕일 수도 있다. 하지만 기자회견은 공적인 자리. 대통령이라면 사감보다 자신이 임명한 법무부장관을 끝내 거부한 국민의

제5부 대통령이란 무엇인가

뜻을 받들었어야 한다.

대통령이 공사를 뚜렷이 구별하지 못한다. 그러니 '사람이 먼 저'라는 구호가 '내 사람이 먼저'로 변질되는 것은 시간문제. 그래 서 벌어진 것이 울산시장 선거개입 사건이다. 민주화 운동을 하 고도 제대로 빛을 보지 못한 친구를 챙기려는 대통령의 갸륵한 (?) 마음이 결국 권력형 비리로 이어진 것이다. 그가 대통령직의 윤리적 기능을 번번이 포기하는 것도 그 특유의 패밀리 철학과 관련이 있을 게다.

대통령의 갈라치기 정치

최근 그에게 또 한 번 뜨악한 감정을 느낀 일이 있었다. 정부 의 공공의대 설치 계획에 반대하여 전공의들이 파업에 들어가 자, 대통령이 뜬금없이 간호사들의 노고를 치하하는 논평을 발 표했다. "전공의 등 의사들이 떠난 의료 현장을 묵묵히 지키고 있 는 간호사분들을 위로하며 그 헌신과 노고에 깊은 감사와 존경 의 마음을 드립니다." 그냥 여기까지만 했으면 좋았을 것이다. 문 제는 그다음이다.

문장은 이렇게 이어진다. "코로나19와 장시간 사투를 벌이며 힘들고 어려울 텐데, 장기간 파업하는 의사들의 짐까지 떠맡아야 하는 상황이니 얼마나 힘들고 어려우시겠습니까?" 정부에서 추진하는 공공의대 설립에 반대하는 전공의들에 대한 원망과 비난의 어조가 역력히 묻어 있다. 하지만 의사들의 파업으로 간호사들이 더 큰 부담을 지게 된 것은 사실이니, 이 또한 굳이 탓할 일은 아니다.

그런데 이것만으로는 부족했나 보다. 국민들이 행여 말뜻을 못 알아들을까봐 이렇게 덧붙인다. "지난 폭염 시기, 옥외 선별진료소에서 방호복을 벗지 못하는 의료진들이 쓰러지고 있다는 안타까운 소식이 국민들의 마음을 울렸습니다. 의료진이라고 표현되었지만 대부분이 간호사들이었다는 사실을 국민들은 잘 알고 있습니다." 어이가 없다. 대통령이 의사와 간호사를 노골적으로 갈라친 것이다.

이는 사실도 아니다. 보건복지부가 낸 보도자료에 따르면 2020년 1월 20일부터 4월 26일까지 방역에 참여한 의료진은 총 3720명으로 그중 의사는 1723명, 간호사와 간호조무사 1534명, 기타 인력 463명이다. 근소하나마 의사의 수가 간호사보다 많았다. 결국 대통령이 진영의 논리에 함몰돼 허위사실까지 동원해 의료진을 둘로 갈라친 셈이다. 물론 이는 국민을 통합해야 할 대통령의 직에는 어울리지 않는다.

그것은 추상적 수치가 아니다

위기 상황에서는 국민을 위로하고 안심시키고 통합하는 지도자의 메시지가 중요하다. 그런 메시지의 전형을 보여준 것이 바로 코로나 사태를 맞아 독일 수상 메르켈이 발표한 대국민 담화였다. 거기서 그는 먼저 위기에 대처하는 독일 정부의 원칙부터 천명한다. "정치적 결정을 투명하게 만들어 논의하는 것, 우리의 행동을 되도록 잘 근거 짓고, 이해 가능하게 잘 전달하는 것. 그것이 열린 민주주의입니다."

이 원칙에 따라 그는 시민들의 협조를 구하며 그들에게 임박한 위험을 정확히 알린다. "우리가 이 과제를 해결하려면 모든 시민이 각자 그것을 '자신의' 과제로 받아들여야 한다고 확신합니다. 그래서 말씀드립니다. 지금 상황이 심각합니다. 여러분도 그것을 심각하게 받아들이십시오." 이어서 "아직 백신도 치료약도 없는 상태"라면서 그 상황에서 정부가 취할 전략을 구체적으로 밝힌다.

"그렇다면 남은 것은 하나뿐이고, 그것이 우리가 할 모든 행동의 원칙입니다. 즉 바이러스의 확산을 되도록 몇 달에 걸치게 늦추어 시간을 버는 것입니다. 연구진이 치료약과 백신을 개발할 시간, 그리고 무엇보다도 환자들에게 가능한 최선의 치료를 제공할 시간을 버는 것입니다." 아울러 "세계에서 가장 뛰어난 독일의 의료 시스템을 신뢰해도 된다"라며 시민을 안심시키는 일도 잊지 않는다.

하지만 메르켈의 연설에서 가장 감동적인 대목은 매일 반복되는 확진자와 사망자 수 발표를 듣는 가운데 점점 무뎌져가는 시민의 감성을 다시 일깨우는 대목이었다. "그것은 그저 통계학상의 추상적 수치에 불과한 게 아닙니다. 그것은 우리의 아버지와 할아버지, 어머니와 할머니, 남편과 아내입니다. 그것은 사람들입니다. 그리고 우리는 개개의 생명과 개개의 인간이 존중받는 공동체입니다."

국민을 통합하는 지도자의 말

독일의 지도자가 "우리는 공동체"라고 말할 때 우리 지도자들은 코로나 위기를 지지율 끌어올리는 데에 활용하기 바빴다. 이재명 경기도지사는 야밤에 신천지 본부를 급습했고, 박원순 서울시장은 신천지 교주를 '살인죄'로 고발했다. 소수를 타깃으로 찍어 다수의 지지를 획득하는 방식이다. 대통령이 의료진을 갈라친 것도 같은 이유에서였다. 반면 메르켈 수상은 의료진에게 이렇게 말했다. 비교해보라.

"이 자리를 빌려 우리의 병원과 보건기관에서 의사로서, 요양

사로서 혹은 그 밖의 다른 일을 하는 모든 이들에게 말씀드립니다. 당신들은 우리를 위해 이 싸움의 최전선에 섰습니다. 제일 먼저 환자를 보고 감염의 정도를 확인하는 것은 바로 당신들입니다. 매일 일어나 다시 일터로 나가 사람들을 돌보는 것도 당신들입니다. 당신들은 위대한 일을 하고 있습니다. 그에 대해 진심으로 감사드립니다."

우리의 코로나 방역은 물론 성공적이었다. 문재인 정권의 거의 유일한 업적으로 인정할 수 있다. 하지만 그 공의 대부분은 정치권이 아니라 의료진과 질병관리본부에 돌려야 할 게다. 코로나 국면에서 정치권의 역할은 차라리 부정적이었다. 최근 세계인권도시포럼에서는 코로나 사태 이후 한국 사회에 외국인·성소수자·종교를 둘러싼 차별과 혐오가 더 심각해졌다고 진단했다. 정치권의 책임이 크다.

여야 모두 그 책임에서 자유롭지 못하다. 야당은 코로나19를 '우한폐렴'이라 부르며 반중 정서를 자극했다. 여당은 특정 종교에 대한 대중의 혐오를 부추겼고, 몇몇 친여 인사는 '대구 사태'라는 네이밍으로 지역감정을 조장했다. 이럴 때 국민을 하나로 통합하는 것이 바로 대통령의 역할. 하지만 그 대통령마저 국민을 갈라치는 일에 가담했다. 그래서 대통령에게는 철학이 있어야 하는 것이다.

우상이 된 대통령

대통령이 성역이 되어버렸다. 왜 이렇게 됐을까? 이는 팬덤의 문화와 관련이 있을 게다. 팬덤에게는 아이돌이 있다. 아이돌은 원래 우상이라는 뜻이다. 대중문화에서는 이게 한갓 비유에 불과하나, 그것이 진지한 정치의 영역에 들어오면 상황이 달라진다. 거기서 아이돌은 글자 그대로 우상, 즉 준(準)종교적 형상이 된다. 정치인의 우상화를 팬덤만으로 설명할 수는 없다. 거기에는 또 다른 근원이 있다.

문재인 대통령과 박근혜 전 대통령의 공통점이 아버지·친구의 후광을 업은 '팬덤 정치'이다. 이 때문에 의원들이 소신보다는 지도자 숭배에 나서고 정당정치의 시스템이 망가지게 되었다. 팬덤 정치의 문제는 대의민주주의 절차를 건너뛰고 직접민주주의를 지향한다는 데에 있다. 그러다 보니 정당정치의 시스템이 망가지는 것이다.

거꾸로 가는 남한

'우상화'라고 하면 북한이 떠오르나, 북한도 이제 유치한 수준의 우상화는 포기한 모양이다. 최근 김정은은 '수령님이 축지법 쓰신다'라는 것은 한갓 전설에 불과하다고 말했다. 그런가 하면 경제 정책의 실패를 인정하기도 하고, 자신의 부족한 능력을 탓하기도 하고, 인민들이 당하는 고통이 안타까워 눈물을 흘리기도 한다. 종교적 우상의 지위에서 스스로 현실의 정치가로 내려오려는 것이다.

정도의 차이는 있지만 지도자의 우상화는 남한에도 있었다. 매년 거행되는 박정희 전 대통령의 추도식은 거의 종교행사 같은 느낌을 준다. 지지자들은 그 동상 앞에서 큰절을 올리기도 한다. 언젠가 우연히 들른 영주의 어느 식당에 걸려 있던 박 전 대통령 부부의 사진은 내게 깊은 인상을 남겼다. SNS에 '마치 북한에 온 것 같았다'라고 한마디 했다가 한동안 전국에서 쇄도하는 비난에 시달려야 했다.

김대중 대통령 역시 우상이었다. 그를 그냥 '김대중'이라고 불렀다가 봉변을 당하는 일도 있었다. 이름 뒤에 꼭 '선생님'을 붙여야 한다는 것이다. 김 전 대통령은 민주주의자였지만, 그의 당 운영만큼 그리 민주적이지 못했다. 그 시절에 그는 '제왕적 총재'라 불렸다. 이를 무너뜨린 것이 노무현 대통령이다. 그는 권위주의를 버리고 제 정부를 아래로부터 올라오는 시민의 자발적 참여 위에 세우려 했다.

정치인 우상화의 바탕에는 농경사회의 정서가 깔려 있다. 해방 직후엔 남이나 북이나 산업화와 근대화가 되지 않은 상태. 당연히 자신을 개인으로 간주하는 근대적 '시민' 계층도 존재하지 않았다. 그런 상태에서 갑자기 근대적 정치체제가 도입되니, 그 운영이 전근대적일 수밖에 없었던 것이다. 최근 김정은의 변화는 이제는 북한에서조차 그런 전근대적 선전 방식이 먹히지 않게 되었음을 의미한다.

NL 정치문화의 잔재

농경사회에서는 인구의 대부분이 무교육자였다. 교육을 받지 못한 대중은 모든 판단을 배운 분들, 높은 분들에게 의탁할 수밖에 없다. 배우지 못한 이들의 눈에 국가발전의 비전을 갖춘 비범한 지도자들은 거의 '신'처럼 보였을 게다. 우상화, 신격화는 이렇게 권력이 기획하기 이전에 대중의 정서로 이미 존재하고 있었다. 권력자로서는 이를 마다할 이유가 없으니 그 정서를 통치에 활용한 것뿐이다.

작년에 조국 사태가 막 불거졌을 때 소설가 공지영 씨가 SNS

에 이런 글을 올렸다. "문프께서 그걸 함께할 사람으로 조국이 적임자라 하시니까. 나는 문프께 이 모든 권리를 양도해드렸고 그분이 나보다 조국을 잘 아실 테니까." 지식인까지 자신이 내려야 할 윤리적 판단을 지도자에게 아웃소싱한 것이다. 산업화를 넘어 정보화 시대에 이른 지금 이 초고학력 사회에서 왜 다시 이런 일이 벌어지는 걸까?

거기에는 팬덤 문화 외에 또 다른 요인이 있다. 과거의 운동권 주류였던 NL진영에는 독특한 개인숭배 문화가 있다. 학창시절에 우리에게 학생회장은 감옥 가는 순서 외에 아무것도 아니었다. 그래서 학생회장을 그냥 '민석'이라고 불렀던 것으로 기억한다. 반면 전대협 의장은 다르다. 임종석 '의장님'은 행사장에 가마를 타고 입장하셨다. 문 대통령 숭배는 이 운동권 습속이 낳은 일종의 문화지체 현상으로 보인다.

학창시절 그 문화를 당연시했던 이들이 기성세대가 되고, 그들을 지지 기반으로 삼아 586세력이 한국 정치의 주류가 되었다. 그 결과 이 북한식 정치문화가 청산되지 않은 채 남한의 부르주아 정치에까지 투영된 것이다. 이 수직적 커뮤니케이션은 물론 노무현 전 대통령이 추구했던 수평적 커뮤니케이션과는 정확히 대극을 이룬다. 문재인 정권은 참여정부의 '연장'이 아니라 실은 '단절'이라 할 수 있다.

노무현과 문재인의 팬덤

언젠가 노 전 대통령이 군부대를 방문했을 때 이등병이 대통령에게 "맞습니다, 맞고요"라는 유행어를 해달라고 부탁했다. 그는 "요새 이등병이 용감하네"라며 "괜찮습니다, 괜찮고요"라고 대꾸해주었다. 2004년 자이툰 부대를 방문했을 때에는 "대통령님 한번 안아보고 싶습니다"라고 외치며 튀어나온 병사를 안아주기도 했다. 일개 사병들이 대통령에게 아무 격의를 느끼지 않았다는 얘기다.

지난 2월 문재인 대통령이 충남 아산의 전통시장을 방문했다. 그때 한 상인이 대통령 앞에서 "(경기가) 거지 같아요. 너무 장사가 안 돼요"라고 했다가 친문 지지자들로부터 "양념"을 당했다. 상인의 발언을 대통령의 경제 정책에 대한 비판으로 받아들인 것이다. 이 사건을 보고받고 대통령은 고작 "안타깝다"라는 한마디를 남겼다. 이루 말할 수 없는 모욕을 당한 상인보다는 제 지지층을 더 배려한 것이다.

두 대통령의 차이는 현장 방문을 바라보는 시각에서도 잘 나타난다. 노무현 전 대통령은 "정치쇼는 하지 않겠다"는 신념으로 재임 중 현장 방문을 되도록 삼가려 했다. 정책은 '이미지 쇼'가 아니라 과학적 통계나 진단, 전문가들의 토론으로 만들어진다는 것이다. 그래서 그는 민생에 대한 구체적 해결책 없이 현장에 가는 것은 무책임한 일이라 보았다. 경호 때문에 괜히 국민에게 민폐만 끼친다는 것이다.

반면 문재인 대통령은 '이미지 쇼'에 매우 능하다. 그 뒤에는 물론 탁현민의 연출 기술이 숨어 있다. 예를 들어 김정숙 여사가 신분을 감추고 몰래 수해복구 현장에서 봉사활동을 한다. 물론 그러다가 들키는 것까지가 연출이다. 대통령은 신임 정은경 본부장에게 임명장을 수여하러 청주에 있는 질병관리본부를 직접 찾았다. 이 이벤트를 탁현민은 "권위를 낮출수록 권위가 더해지고 감동을 준다"라고 자평했다.

대중과 지도자의 결합

그가 자백하듯이 문 대통령이 권위를 낮춘다면 그것은 권위를 높이기 위해서다. 문 팬덤이 자주 사용하는 "뭉클, 울컥"이라는 표현은 이 연출의 정치미학적 효과를 보여준다. 과도한 이미지 쇼가 때로 문제가 되기도 한다. 코로나 사태의 한가운데에서 연출한 짜파구리 쇼는 대중의 질타를 받았다. 송환된 전몰용사들의 유해를 다른 비행기로 옮기는 결례가 빚어지기도 했다. 전몰용사보다 영상 효과가 중요했던 것이다.

권위주의 파괴의 연출이 필요한 것은 정권이 여전히 권위주

Merkel: Einreisestopp nach Europa sofort!

Erste Todesfälle in Schleswig-Holstein und Hessen ++ Insgesamt 25 Tote in Deutschland ++ Belgien beschließt Ausgangssperre ++ Bund und Länder wollen Zahl der Intensivbetten verdoppeln ++

2020년 3월 중순경 앙겔라 메르켈 수상이 코로나19 사태가 독일에 2차 대전 이래 가장 심각한 도전을 가하고 있다며 단합을 호소하는 모습. 앙겔라 메르켈 수상은 평소 마트에 가서 장보기를 즐긴다고 한다. 수상이 다른 시민들과 똑같이 직접 카트 끌고 장을 보는 것이 그들에게는 그냥 '일상'이다.

의적이라는 얘기다. 독일에 사는 지인에게 들은 얘기다. 백화점에 고기를 사러 갔는데 매대 앞에 늘어선 줄 속에 메르켈 수상이 서 있었단다. 그런데 누구도 그에게 눈길 한번 안 주더라고. 수상이 다른 시민들과 똑같이 직접 카트 끌고 장을 보는 것이 그들에게는 그냥 '일상'이다. 연출은 그게 일상이 아닌 곳에서나 필요한 것이다.

물론 정치인이 사진으로 자신을 연출하는 것 자체가 나쁜 것은 아니다. 그 역시 정치 커뮤니케이션의 한 방식이고 문화다. 미국 대통령들도 이미지 관리를 위해 백악관 홍보영상을 찍는다. 외려 야당에서는 이를 배울 필요도 있다. 문제는 이게 자유주의 국가에서 행하는 일반적인 정치 홍보와는 성격이 사뭇 다르다는데에 있다. 문재인 정권의 포토제닉 정치에서는 어딘지 전체주의적 뉘앙스가 풍긴다.

노무현이 주는 감동은 자연스러운 것이다. 병사들의 돌발행동과 그에 대한 노무현의 대응은 인위적으로 연출할 수 있는 성격의 것이 아니다. 반면 문재인의 '감동'은 철저히 계산되고 연출된 것이다. 노무현은 권위주의 타파를 '실행'했지만, 문재인은 권위주의 타파를 '연출'한다. "뭉클, 울컥"으로 표현되는 친문 대중의 감동은 실은 '그렇게 높으신 분이 이렇게 낮은 곳에 임하신' 데에 대한 신분제적 감읍에 가깝다.

전체주의는 대중과 지도자의 직접적 결합으로 이루어진다.

인민의 일반의지는 오직 지도자를 통해서만 대변된다. 176명 여당 의원들이 대통령을 위한 거수기가 된 것은 이 때문이다. 이견을 가진 자들은 지지자들의 손에 제거된다. 문재인 정권의 영상전략은 주로 "뭉클, 울컥"의 신파 코드로 대중과 지도자의 이 직접적 결합을 만들어내는 데에 사용된다. 그 결과 대한민국은 졸지에 "문재인 보유국"이 되었다.

제6부

진보의 몰락

진보는 왜 보수보다 뻔뻔해졌는가

보르헤스가 말했던가. "케네디의 머리를 관통한 총탄은 링컨의 가슴을 관통한 총탄이었고, 그 이전에는 예수를 십자가에 달았던 못이었고, 시저의 가슴을 꿰뚫은 브루투스의 칼이었고, 소크라테스가 마신 독배였고, 아벨을 내리친 카인의 돌이었다." 동일자의 영겁회귀라고 할까. 시대와 지역에 따라 다양하게 변주되며 계속 반복되는 어떤 '원형' 같은 게 있는 듯하다. 사회에서 벌어지는 모든 사건이 이미 어디선가 본 듯한 느낌을 주는 건 그 때문일 게다.

네덜란드 초현실주의 작가 마우리츠 코르넬리스 에스허르의 그림. 끊임없이 오르내리기를 반복할 뿐 출구를 못 찾는 계단은 정권이 바뀌어도 달라지지 않는 부패하고 오만한 권력의 속성을 연상케 한다.

동일자의 영겁회귀

집권 3년이 채 안 됐건만 보이는 풍경이 벌써 낯익다. 언젠가 본 것 같지 않은가. 그렇다. 드루킹의 매크로는 그 전엔 십알단의 댓글이었다. 김태우의 처벌은 이석수의 파면이었고, 조국의 감찰무마는 우병우의 직권남용이었다. 윤석열의 수난은 채동욱의 수모였고, 윤 총장을 노린 《한겨레》의 저격은 채 총장을 날린 《조선일보》의 폭로였다. 청와대의 선거개입은 국정원의 대선 공작이었고, 황운하의 충성은 김용판의 충정이었다. 조민의 표창장은 정유라의 금메달이었고, 고대생들의 항의는 그 전엔 이대생들의 시위였다.

"대리시험이 오픈 북"이라던 유시민은 그전엔 "주어가 없다"던 나경원이었다. "문프께 모든 권리를 양도해드렸다"는 공지영은 그전엔 "나라를 팔아먹어도 1번"이라던 어느 경상도 아낙이었다. "강남에 건물을 소유하는 꿈을 꾸는 게 유죄냐"는 안도현은 그전엔 "강남이 일궈온 성공과 가치를 무시하는 사람들이 정권 잡는 끔찍한 상황을 피하려 악착같이 투표장에 간다"던 어느 대치동 사내였다. 서초동 조국기부대는 그전엔 헌재 앞 태극기부대였고, 그보다 훨씬 전엔 이승만 박사의 출마를 청원하던 우마차부대였다.

진보적으로 사유하는 이들에게 이 상황은 당혹스럽다. 진보주의자들은 사회가 선형적으로 발전한다고 믿기 때문이다. 진보사관에 따르면 시간은 과거에서 현재를 거쳐 미래로 흐르며, 사회는 나날이 나아져 언젠가 최종 목표(텔로스), 즉 완전한 자유와 평등의 유토피아에 도달한다. 이렇게 믿어온 이들에게 사회가 과거보다 나아지지 않았거나 심지어 더 나빠졌다는 느낌은 견디기 힘든 고통이리라. 진보적으로 사유하는 이들은 이때 참담함 속에 세상이 무너져 내리는 듯 패닉에 빠지게 된다.

수많은 이들과 촛불을 들고 광화문을 걷고, 탄핵소추가 이루어지던 국회를 에워싸고, 탄핵이 인용되는 장면을 TV로 지켜볼 때만 해도 희망이 있었다. 그때 탄핵당한 대통령은 '비정상의 정상화'를 외치며 나라를 비정상이 정상 행세를 하는 곳으로 바꿔놓은 바 있다. 그래서 촛불후보는 장미대선에서 "이게 나라입니까?"라고 외쳤고, 당선되어서는 '적폐청산'의 이름으로 그 비정상을 청산하는 일부터 시작했다. 그런데 그렇게 청산된 국가의 국민은 벌써 이렇게 묻고 있다. "이건 나라입니까?"

대한민국 주류의 교체

앞만 보고 걸었는데 사회는 제자리로 돌아왔다. 어쩌다 이렇게 됐을까. 사실 탄핵을 기점으로 이 사회에는 우리가 알아차리지 못하는 사이에 큰 변화가 있었다. 그새 한국 사회의 '주류'가 보수주의 세력에서 자유주의 세력으로 교체된 것이다. 탄핵 이후 보수는 휘날리는 태극기와 함께 지리멸렬해졌고, 아직도 그 상태에 머물러 있다. 그사이 자유주의 세력은 날로 지배를 공고히 했고, 지금도 승리하기를 멈추지 않고 있다. 그들의 교만한 자신감은 하늘을 찌를 것처럼 보인다.

과거에 진보는 한국 정치의 '변수'였다. 진보정권이란 그저 스쳐 지나가는 현상일 뿐이었다. 국민의정부는 IMF 사태라는 '예외적 상황'에서 자민련과의 연합에 힘입어 가까스로 탄생했다. 참여정부 역시 노무현이라는 '예외적 개인'의 인기로 탄생해 탄핵역풍으로 겨우 유지되었다. 잠시 정권을 잃었을 뿐 '상수'로 여겨진 것은 보수였다. 그러나 지금 한국 정치의 '상수'는 자유주의 세력이다. 보수는 특별한 '변수'가 없는 한 복귀할 가망이 없어 보인다.

과거의 386들은 어느덧 586이 되어 사회의 주류로 똬리를 틀었다. 1990년대 호경기 때 사회에 나온 그들은 아파트를 가진 중상층(中上層)이 되었다. 반미 전사 이석기는 아들을 '철천지원수' 미국으로 유학 보냈고, '구국의 강철대오' 전대협 '의장님'의 딸도 미제의 대학에 다닌다. 사노맹의 은수미는 성남 조폭에게 자원봉사(?)를 받았다 하고, 같은 조직에 있던 조국은 아내와 함께 강남에 건물 사는 혁명적 꿈을 공유한다. 그런 586세대를 젊은이들

제6부 진보의 몰락

은 이미 새로운 기득권 세력으로 바라본다.

지난 정권에서 낙하산 태워 내려보낸 수많은 이들의 자리에는 지금 이 정권에서 내려보낸 수많은 이들이 앉아 있을 게다. 진보가 과거의 보수가 되었다는 불편한 진실은 가끔 검찰의 공소장을 통해서나 알려진다. '드루킹이 오사카 총영사 자리를 요구했다' '민정수석 딸에게 장학금 준 의사가 어디 의료원장이 됐다' '대통령 친구에게 후보 자리를 내준 이에게 공기업 네 자리 중 하나를 권했다' 등. 모든 게 바뀌었는데 하나도 바뀐 게 없다. 아무리 올라도 제자리로 돌아오는 에스허르의 계단에 갇힌 느낌이다.

물론 바뀐 게 전혀 없는 것은 아니다. 과거에는 비리를 저지른 정치인이 그래도 머리 숙여 사과는 했다. 비록 잘못은 했어도 '윤리 기준'은 존중하여 그 기준에서 벗어난 자신을 탓하거나 탓하는 척은 했다. 문재인 정권의 사람들은 다르다. 그들은 잘못을 해놓고 외려 적발한 이들에게 성을 낸다. 그냥 비리만 저지르는 게 아니라 그 행위가 잘못이라 말해주는 '윤리 기준'을 건드린다. 아예 기준 자체를 바꿔버림으로써 자신들은 하나도 잘못한 것이 없는 대안세계를 만들어내는 것이다.

그 결과 '아빠 찬스'는 기회의 평등함이 되고, '문서위조'는 과정의 공정함이 되고, '부정 입학'은 결과의 정의로움이 되었다. 가치는 전도되었다. 비리를 저지른 자들이 피해자 행세를 하며 그것을 적발한 검찰과 그것을 알리는 언론을 질타한다. 이 적반하장이 문재인 정권하에서는 일상의 풍경이 되었다. 왜들 이렇게 뻔뻔해졌을까. 가장 기막힌 것은, 부르주아 중에서도 질 나쁜 축에 속하는 이들의 방식으로 살아온 장관 후보가 여전히 자신을 "사회주의자"라 칭하는 대목이었다.

어쩌면 여기에 그 뻔뻔함의 비밀이 있는지도 모른다. 부패한 기득권층이 된 지 오래지만 그들은 여전히 자기들이 진보 운동을 한다는 환상에 빠져 있다. 종로에 전셋집까지 얻었던 임종석은 한때 정계를 떠나며 '앞으로 통일운동에 헌신'하겠다고 말했다. 괴물과 싸우다 괴물이 되는 악마의 '원환'에 빠졌지만 머리로는 여전히 자기가 사회의 진보를 위해 싸운다고 믿고 있는 것이다. 보수세력의 낙후성은 '그래도 이들이 상대적으로는 진보'라는 착시를 일으킨다.

'여전히 운동가'라는 이 착란은 '나를 지키는 게 곧 운동의 대의를 지키는 것'이라는 독선으로 이어진다. 운동가는 순결하다. 혁명가는 고결하다. 그런 내가 부도덕하다고 말한다면, 그것은 도덕이 잘못된 것이다. 고로 도덕부터 청산해야 한다. 그리하여 부도덕한 자들은 도덕적 인간이 되고, 도덕을 지키며 사는 이들은 세상물정 모르는 바보가 된다. 그리고 "내가 조국이다!"라는 슬로건과 더불어 이 뒤틀린 도덕은 만인의 것이 된다. '포스트-진리'의 시대는 '포스트-윤리'의 시대이기도 하다.

무능하나 순결했던 진보는 어느새 유능하나 부패한 보수로 변신했다. 이는 '예외'가 아니라 새로운 '정상'이다. 정권은 바뀌어도 권력은 바뀌지 않는다. 불편한 기시감은 여기서 나온다. 상상인은 그전엔 부산저축은행이었고, 환경부 블랙리스트는 그전엔 문화부 블랙리스트였다. 추미애의 아들은 그전엔 황교안의 아들이었고, 방송에서 하차당한 양희은과 박미선은 그전엔 김미화와 김제동이었다. 심지어 이 기시감마저 이미 본 듯하다. 사실 이 글의 첫 문단은 2005년 황우석 사태 때 쓴 글에서 가져온 것이다. 조국은 그전엔 황우석이었던 것이다.

그리고 선거개입 공소장에 서른다섯 번이나 등장했다는 '대통령'이라는 단어도 불편한 예감을 준다. 얼마 전 봤던 장면마저 순환의 고리를 돌아 기어코 회귀하고야 말 것인가.

도리언 그레이의 초상

왜 그냥 흘려보내지를 못할까. 조국도 그렇고, 윤미향도 그렇고, 한명숙의 경우에는 아예 확정된 대법원 판결까지 뒤집으려 한다. 언제 이런 적이 있었던가. 왜 그럴까. 대통령 특유의 '내 식구 철학', 운동권 출신 참모들의 '혁명적 의리론' 때문인지도 모르겠다. 하지만 그것만으로는 당정청과 지지층이 한 몸이 되어 보여주는 저 집단적 강박을 도저히 설명할 수가 없다. 그 집착에는 뭔가 다른 원인이 있음에 틀림없다.

1945년 앨버트 르윈 감독의 영화 〈도리언 그레이의 초상〉에 나오는 한 장면. 도리언이라는 아름다운 청년이 18년간 늙지 않고 방부제 미모를 유지하는 대신 그림이 부패한 끔찍한 모습을 담았다(왼쪽). 미국 화가 노먼 록웰의 작품 〈거울 앞의 소녀〉, 1954.

거울 단계

라캉의 '거울 단계' 이론이 도움이 될까. 이 정신분석학자에 따르면 대부분의 동물은 거울 속에 비친 영상을 자신으로 인지하지 못한단다. 다만 침팬지의 경우 자신을 알아보기는 하나, 그게 자신임을 인지하는 순간 바로 거울에 흥미를 잃어버린다. 하지만 인간의 아기는 다르다. 그는 거울에서 자신을 인지할 뿐 아니라 매우 즐거워하며 거기 비친 제 모습에 마냥 빠져든다고 한다. 왜 그럴까.

유아는 불완전한 존재다. 그의 지각능력(sensoric)은 파편적이다. 제 눈으로는 제 몸의 부분 부분만 볼 수 있기 때문이다. 그의 운동능력(motoric) 역시 파편적이다. 아기는 제 몸을 제대로 가누지도 못하기 때문이다. 그런 아기가 거울을 통해서는 자신의 온전한 형태를 보게 된다. 거울 속에서 아기는 조각나지 않은 통합된 자기를 본다. 거울상은 유아의 '이상적 자아'다. 그것을 보고 아기는 한없이 기뻐한다.

하지만 거울 속의 온전한 자아는 성장을 통해 도달해야 할 목표일 뿐, 현실의 아기는 여전히 불완전하기 짝이 없는 존재다. 이상적 자아와 현실적 자아 사이의 이 괴리는 아이를 불쾌하게 만든다. 그 괴리를 극복하려고 아기는 자기를 이상적 자아와 공격적으로 동일시하고(identify), 그것을 통해 정체성(identity)을 갖게 된다. 정체성이란 이렇게 현실적 자아를 이상적 자아로 착각하는 오인(méconnaissance)의 결과로 발생한다.

거울 단계 이론을 꼭 유아의 발달 이론으로만 받아들일 필요는 없다. '오인'에 의해 정체성을 확보하는 기제는 성인의 경우에도 그대로 적용되기 때문이다. 그 거울상은 신이나 성자일 수도 있고, 국가나 민족일 수도 있고, 민중이나 계급일 수도 있으며, 대통령이나 아이돌 스타일 수도 있다. 그 거울상과의 동일시를 통해 인간은 독실한 신도, 애국투사나 충성스러운 팬으로서 제 정체성을 얻게 된다.

상상계, 실재계, 상징계

정체성 자체가 근본적 '오인'의 산물이기에 동일시를 통해 현실적 자아와 이상적 자아의 괴리가 사라지는 것은 아니다. 현실적 자아는 실재계, 이상적 자아는 상상계에 속하므로 두 자아 사이에는 언제나 균열이 존재할 수밖에 없다. 예를 들어 조국 교수가 미디어를 이용해 연출해온 자아는 상상계에 속하고, 수사를 통해 밝혀진 그의 자아는 실재계에 속한다. 두 자아의 분열이 이처럼 극단으로 치달을 수도 있다.

그럼에도 정체성을 형성하는 데에 '오인'은 불가피하다. 그 오인이 꼭 나쁜 것도 아니다. 그 이상적 자아(ideal-I)를 '자아의 이상(I-ideal)'으로 삼아 끝없이 자신을 그리로 끌어올리려 한다면, 그때 그 '오인'은 생산적 착각이 될 수도 있기 때문이다. 하지만 그러려면 이미지로 이루어진 상상계에서 언어와 논리로 이루어진 상징계로 빠져나와, 거기서 이성적 반성을 통해 현실의 자아를 객관화할 수 있어야 한다.

그럼에도 상징계로 진입하는 게 누구에게나 가능한 것은 아니다. 허위 인턴증명서를 써준 최강욱이 거짓말을 멈출 수 없는 것도 아직 그 '오인'에서 벗어나지 못했기 때문이다. 실체가 드러났음에도 불구하고 여전히 그는 자신을 '이상적 자아'와 동일시한다. 그의 상상계에서 그의 정체성은 여전히 민변 출신의 정의로운 인권변호사다. 그런 분이 허위 증명서로 없는 집 자식들 입학기회나 빼앗는 잡놈일 수는 없지 않은가.

그러나 사회에는 이렇게 상상계에 갇힌 이들에게 그들의 실재계를 냉정히 보여주는 상징계의 질서가 있다. 대표적인 것이 언론과 검찰이다. 최근 민주당 지지자들이 '떡검'과 '기레기'에 집중포화를 퍼부어대는 것은 이 두 기관이 그들의 상상계를 무참히 파괴하기 때문이다. 그들이 오인을 통해 형성한 정체성, 순결한 개혁투사의 환상을 유지하려면, 실재계를 드러내는 이 두 기관부터 무력화해야 하는 것이다.

제2의 거울 단계

거울 앞에 선 아기의 환상을 위협하는 요소가 있다. 바로 어머니다. 아기는 자기를 들어 나르는 엄마의 몸을 보며 자기가 실은 불완전한 존재임을 깨닫는다. 이 불쾌함을 떨치려고 자신을 거울 속 이상적 자아와 더 공격적으로 동일시하고, 그 결과 마침내 그것을 자기의 실제 모습으로 착각하게 된다. 성인도 마찬가지다. 자신을 젊은 시절의 모습으로 표상하는 이는 거울에 비친 현재의 제 모습을 외려 낯설게 느낀다.

민주당의 주류인 586세대가 바로 그런 경우로 보인다. 그들은 자기 모습이 곧 이상적 자아라고 굳게 믿는다. 상상계 속에서 그들은 여전히 과거의 정의로운 민주투사다. 하지만 실재계의 그들이 그렇게 고결할 리는 없다. 그들도 뇌물을 받고, 비리를 덮고, 여론을 조작하고, 상장을 위조하며, 높은 분을 위해 선거개입도 한다. 펀드 투자로 강남에 건물 살 꿈을 꾸고, 남의 자식 보고 북한 가라면서 제 자식은 미국 보낸다.

실재계는 그들의 상상계를 위협한다. 상상계를 지키려면 실재계의 침투를 차단해야 한다. 민주당 이해찬 대표가 얼마 전에 의미심장한 말을 했다. "노무현재단을 향한 검은 그림자는 좀처럼 걷히지 않았다." '노무현재단'을 운영하는 것은 그들의 고결한 이상적 자아가 아니라 때 묻은 현실적 자아. 행여 거기서 비리라도 터지면 그들의 상상계는 무너진다. 그래서 지레 '검은 그림자'(제보자)를 경계하는 것이다.

양정숙을 내친 민주당이 윤미향을 놓지 못하는 것도 그 때문이다. 양정숙은 민주당의 주류 586세대의 상상계와는 별 관계가 없다. 윤미향은 다르다. 그는 그들이 공유하는 NL운동권 서사를 상징하는 인물이다. 총선을 아예 '한일전'으로 치른 그들이 아닌가. 조국에 이어 윤미향까지 낙마한다면, 그들의 정치적 정체성을 이루는 운동권 서사가 심각한 타격을 입는다. 그래서 당대표가 나서서 소속 의원들에게 함구령까지 내린 것이다.

도리언 그레이의 초상

그들은 여전히 자신을 이상적 자아로 오인한다. 자신을 젊은 시절의 모습으로 오인한 이들은 거울에서 현재의 제 모습을 알아보지 못한다. 잘못이 드러나도 그들이 끝까지 잡아떼는 것은 이 '오인' 때문이다. 이상적 자아는 그 정의상 잘못을 할 수가 없다. 고로 잘못이 있다면, 언론이 잘못한 것이요, 검찰이 잘못한 것이요, 법원이 잘못한 것이다. 여전히 정의로운 그들은 그저 이들 기관을 '개혁'할 역사적 사명을 가질 뿐이다.

저들이 언론과 검찰을 때려대는 것은, 자신을 이상적 자아와 동일시하는 공격적 방식이라 할 수 있다. 자신들의 상상계를 유지하려는 그들의 노력은 처절하여, 과거와 현재와 미래를 망라한다. 현재의 비리는 거짓말로 잡아떼고, 미래의 비리는 음모론으로 김을 빼고, 과거의 비리는 재수사로 뒤집는다. 이처럼 전 시간대에 걸친 전방위 은폐로 그들은 실재계를 차단하고 자신들의 상상계를 관리해나간다.

이들의 상상계는 그것을 믿어주는 대중의 도움으로 유지된다. 그들은 대중을 자기들의 유아적 환상에 철저히 가두어놓았다. 민주당 팬덤의 전(全) 세계관은 '떡검·기레기·토착왜구·뭉클·울컥·사랑해요·지키자'라는 일곱 마디로 남김없이 기술된다. '떡검·기레기·토착왜구'는 그들의 인지모드요, '뭉클·울컥'은 감성코드요, '사랑해요·지키자'는 행동강령이다. 시그널이 내려오면 그들은 기꺼이 586상상계를 수호하는 성전의 전사가 된다.

민주당의 586세력은 결코 늙지 않는 도리언 그레이를 닮았다. 자기들의 상상계 안에서 그들은 여전히 독재정권의 후예와 싸우는 정의롭고 순결한 투사들. 하지만 실재계의 그들은 그저 도리언 그레이 대신 늙어갔던 초상화에 가깝다. 그레이는 초상화에 그려진 그 추한 노인이 실제 자신의 모습이라는 사실을 끝내 인정하지 못한다. 스토리의 결말은 굳이 말 안 해도 될 것이다. 민주당의 운명도 크게 다르지 않을 것이다.

이제 우리가 살해당해야 한다

한국 정치는 그동안 두 개의 큰 이야기로 움직여왔다. '산업화'와 '민주화' 서사. 이 두 서사는 동시에 두 세대를 대표한다. 산업화를 이끈 할아버지 세대와 민주화를 이룬 아버지 세대. 2020년 21대 총선을 통해 사회의 주류는 전자에서 후자로 교체되었다. 하지만 이것이 산업화에 대한 민주화 서사의 승리를 의미하는 것은 아니다. 586세대가 주류로 등극함으로써 민주화 서사 역시 해방서사로서 생명력을 잃었기 때문이다.

1968년 12월 21일 서울-인천 간(23.4km) 경인고속도로 개통식에 참석한 박정희 대통령 내외가 개통 테이프를 끊고 있다.

보수의 이야기

과거에 우리 사회를 지탱하는 큰 이야기는 박정희 정권이 쓴 반공과 '산업화 서사'였다. 1960년대까지만 해도 북한의 국력이 남한보다 우위에 있었고, 북한은 이를 토대로 적화통일을 추구했다. 끝없는 남침의 위협 속에서 시민들은 반공전사와 산업전사로서 '싸우면서 일하는 보람'에 살았다. 전쟁의 기억이 아직 생생하던 시절 정권은 국민의 레드 콤플렉스를 자극하는 것만으로 쉽게 독재체제를 유지할 수 있었다.

산업화는 눈부신 업적이었다. 농경사회였던 한국 사회는 단기간에 산업사회로 변모한다. 고도성장은 독재체제에 대한 시민의 염증을 성공적으로 무마했다. 박정희 정권이 장기집권을 할 수 있었던 것도 시민들 사이에 이 국가발전 전략에 대한 암묵적 지지가 있었기 때문이리라. 농사를 짓던 사람들에게 기계와 결합한 산업생산력은 기적으로 보였을 것이다. 이 놀라움은 지도자에 대한 종교적 외경에 가까운 숭배로 이어졌다.

박정희 모델은 1979년 그의 시해(弑害)와 더불어 막을 내린다. 하지만 박정희식 고도성장의 신화는 3저(저유가·저금리·저원화가치) 호황에 힘입어 그의 사후에도 지속되다가, 결국 1997년 국가 부도 사태와 함께 막을 내린다. 하지만 한국의 보수는 이를 대신할 대안 서사를 만드는 데에 실패했고, 아직도 실패하고 있다. 이명박 정부는 박정희식 고도성장의 서사를 재활용했고, 박근혜 정부는 통치 방식마저 유신시대로 되돌렸다가 탄핵을 당하고 만다.

진보의 이야기

산업화 세대의 자식들은 아버지를 살해하려 했다. 못 배운 아버지들이 힘들게 가르쳐놨더니, 대학에 간 자식들은 반공전사와 산업전사가 되기를 거부하고 민주투사와 통일일꾼이 되려 했다. 자식 세대의 투쟁 이야기 역시 아버지들의 전쟁 이야기 못지않게 절절했다. 이들의 '부친살해'는 1987년 시민항쟁으로 시작해 30년 만인 2017년 대통령 탄핵으로 완료되었다. 21대 총선은 그 사실을 재확인한 것에 불과하다.

민주화 세대는 아버지 세대가 만든 터부에 정면으로 도전했다. 임수경의 방북은 몇 년 후 남북정상회담으로 이어졌다. 선거 때마다 '북풍'이 불까 걱정하는 것은 민주화 세력이었으나, 요즘은 외려 보수진영에서 '북풍'을 걱정하는 상황이다. 산업화 세대의 업적은 역설적으로 반공의 성채를 무너뜨리는 계기가 되었다. 체제 대결에서 남한이 압도적 승리를 함에 따라 북한이 과거만큼 위협적 존재로 느껴지지 않게 된 것이다.

그사이 공동체의 기억도 바뀌었다. 부모에게 전쟁 이야기를

1987년 6월 26일 부산 문현로타리에 집결한 시민과 학생들을 향해 경찰이 최루탄을 발사하며 시위를 저지하자 한 시민이 온몸으로 저항하고 있다.

제6부 진보의 몰락

듣고 자란 자식들이 이제는 부모가 되어 자식들에게 반독재 무용담을 들려준다. 우리 세대는 어린 시절 반공 영화를 보고 자랐지만, 지금 젊은 세대는 〈변호인〉〈1987〉〈택시운전사〉를 보며 자랐다. 〈공동경비구역 JSA〉를 비롯해 남북관계를 다룬 영화도 북한의 만행이 아니라 분단의 비극을 강조한다. 그사이 할아버지 세대는 〈국제시장〉을 내놨을 뿐이다.

진보의 종언

사실 민주화 세대는 그동안 꾸준히 보수화해왔다. 사회주의 몰락 이후 혁명을 꿈꾸던 이들은 급속히 체제에 포섭돼 아파트를 가진 중산층으로 변모한다. 산업화 세대는 이들을 데모만 하느라 '직접 돈을 벌어보지 못한 세대'라 매도하곤 했다. 하지만 새로이 도래한 정보사회에서는 1980년대에 '운동'을 하거나 그 분위기에 동조했던 이들이 외려 생산의 중추가 되었다. 2000년대에 벤처나 인터넷 기업을 세운 것도 이들이다.

생산에서만이 아니다. 소비에서도 이들은 구매력이 가장 강한 계층이다. 그 구매력에 힘입어 광고를 먹고사는 언론 매체에까지 자신들의 막강한 영향력을 행사하고 있다. 반면 과거의 산업화 세대는 노령화로 이미 구매력을 잃은 데다 그 수마저 점점

줄고 있다. 과거 선거에서는 진보와 보수가 갈리는 경계가 40대 유권자층에서 형성되곤 했다. 어느새 그 경계는 50대로 올라갔고, 머잖아 60대로 진입할 것이다.

이번 선거 결과를 두고 나이가 들어도 세대의 정체성을 유지하는 '코호트 효과(cohort effect)'가 나이가 들면서 보수화하는 '에이징 효과(aging effect)'를 압도했다는 평이 나온다. 하지만 그 두 효과가 중첩해 나타났다고 보는 게 옳을 것이다. 즉, 코호트 효과로 투표에서 진영은 바뀌지 않는 상태에서 에이징 효과로 아예 진영 자체가 보수화했다는 이야기다. 한마디로 '존재'는 오래전 기득권층으로 변했으면서, '의식'으로는 자기가 진보라 믿는 것이다.

더 나쁜 아버지

조국 사태는 존재와 의식의 이 괴리를 상징한다. 민주화 세대가 그를 두둔한 것은 그것이 한 '개인'이 아니라 한 '세대'의 특징임을 시사한다. 그들은 진보가 아니라 실은 보수다. 산업화의 추억에 갇힌 미련한 보수를 제치고 정보화 흐름에 적응한 노련한 보수가 등장한 것이다. 최근의 비리와 성추행 사건은 주로 이들이 일으키고 있다. 언제부터인가 그들은 개혁의 레토릭을 자신들의 비리를 덮고 기득권을 지키는 데에 사용하고 있다.

이들은 벌써 정계와 관계, 방송과 신문, 시민단체와 지식인 층을 망라하는 거대한 기득권의 커넥션을 구축했다. 비리가 터질 때마다 그 커넥션이 조직적으로 움직이며 그 압도적 헤게모니를 이용해 감시와 비판의 목소리를 순식간에 잠재워버린다. 낡은 보수의 나쁜 모습을 업그레이드한 버전으로 체화한 것이다. 기득권을 확보한 그들은 그 커넥션을 활용해 자신들이 누리는 특권을 자식 세대에 물려주는 단계에 이르렀다.

그들은 이렇게 바꿀 것보다 지킬 것이 더 많은 보수층이 되었다. 그리고 그들이 살해한 나쁜 아버지보다 더 나쁜 아버지가 되었다. 산업화 세대는 적어도 그들에게 일자리도 얻어주고 아파트도 한 채 갖게 해줬다. 하지만 586세대는 지금의 젊은 세대에게 일자리도 아파트도 주지 않는다. 그저 자기 자식들에게 재산과 학벌을 물려주느라 그 검은 커넥션을 활용해 다른 젊은이들에게서 '공정'하게 경쟁할 기회마저 빼앗아버린다.

부유하는 젊은이들

산업화 서사와 함께 민주화 서사도 파탄이 났다. 우리 세대가 아버지 세대의 전쟁 이야기에 넌더리를 냈던 것처럼, 요즘 젊은이 세대는 아버지 세대가 늘어놓는 민주화 서사를 냉소한다. 그 잘난 민주화가 이뤄진 사회에서 성공의 지름길은 상속과 세습이라는 것을 잘 알기 때문이다. 수저를 잘 물고 태어난 소수를 제외하고, 수저를 잘못 문 대다수 젊은이들은 민주화의 위선을 경멸하며, 민주화한 사회의 현실에 절망한다.

최근 20대의 정치적 성향이 노년층과 동조하는 경향을 보이는 것은 그와 관련이 있다. 하지만 이를 20대의 보수화로 해석해서는 안 된다. 아버지 세대를 불신한다고 해서 그들이 할아버지 세대를 신뢰하는 것은 아니기 때문이다. 그저 뭘 어떻게 해야 할지 모르는 상태에서 무당층으로 남아 부유하고 있을 뿐이다.

부친을 살해하려면 이야기가 있어야 한다. 민주화 세대에게는 정치적 '집단'으로 조직하는 데에 필요한 서사, 즉 민주주의와 사회주의라는 이야기가 있었다. 하지만 민주주의는 이미 이루어졌고, 사회주의는 몰락했다. 자본주의 서사가 통하는 것도 아니다. 세계적 양극화 속에서 경제적 불안정이 날로 심화하고 있기 때문이다. 젊은 세대는 이 모든 상황을 고립된 '개인'으로서 받아들이고 있다. 불만은 있지만 표출할 길은 없다.

양당 혹은 1.5당의 기득권 체제 속에서 젊은이들은 고작 선거용 홍보물로 쓰이다 버려질 뿐이다. 대안이 없을 때 남는 것은 냉소적 태도뿐. 그나마 희망이 있다면 이들이 '공정'과 '정의'라는 화두에 민감하다는 것이다. 이들은 결과의 불평등은 용인해도 최소한 과정의 공정성만은 지켜져야 한다고 믿는다. 진보가 아직도 가능하다면 거기서 출발해야 한다. 사회가 젊어지려면 이제 우리가 그들에게 살해당해야 한다.

지식인의 묘비

언제부터인가 '지식인'이라는 말을 듣기가 힘들어졌다. 왜 그럴까. 간단하다. 실제로 지식인이 사라졌기 때문이다. 제 계급의 이익을 떠나 보편적 가치 위에서 민중을 위해 발언하던 지식인은 사라졌다. 물론 아직 '지식인'을 자처하는 이들이 더러 남아 있긴 하다. 이 혹독한 빙하기에 그들만 살아남은 데에는 독특한 비결이 있었다. 즉 이마에 '어용'이라는 글자를 써 붙이는 것이다. 오늘날 '어용' 아닌 지식인은 거의 멸종했다.

2019년 10월 7일 소설가 황석영(가운데), 시인 안도현(오른쪽 끝) 등이
서울 여의도 국회 정론관에서 기자회견을 갖고 검찰개혁 촉구 및 조국 법무
부장관 지지를 선언하고 있다.

한국판 드레퓌스 사건

20세기 지식인의 전형을 만든 것은 에밀 졸라이리라. 1898년 그는 국가반역죄로 유죄를 선고받은 어느 유태인 장교의 구명을 위해 대통령에게 보내는 편지 형식의 글을 써서 발표한다. '나는 고발한다'라는 제목의 이 편지에서 그는 드레퓌스 대위의 무죄를 주장하며, 그에게 억울한 누명을 씌운 자들을 신랄히 고발한다. 광적인 반유태주의의 분위기 속에서 졸라는 국가의 공적으로 몰렸고, 군사법원을 모욕한 혐의로 기소되어 징역 1년을 선고받는다.

한편 졸라의 뜻에 공감하여 마르셀 프루스트는 드레퓌스 재판의 재심을 청원하는 서명운동을 시작한다. 이 서명에는 아나톨 프랑스, 루이 파스퇴르, 에밀 뒤르켐, 클로드 모네 등 당대 지성들이 참여했다. 이 사건은 지식인들이 하나의 '사회집단'으로서 정치적 개입을 시도한 최초의 역사적 사례로 알려져 있다. 한국의 민주화 운동 시절 성명이나 서명을 통한 지식인들의 '앙가주망(engagement)'도 그 원형은 바로 이 사건에 있다.

이 전통이 최근 이상하게 일그러졌다. 작년 9월 소설가 황석영은 1276명 문인들의 서명을 모아 '조국 지지' 성명서를 주도한 바 있다. 조국을 졸지에 한국의 드레퓌스로 만들어버린 것이다. 얼마 전에는 문서위조와 불법 투자, 증거인멸 등의 혐의로 기소

된 그의 부인의 구속 연장에 반대하는 탄원서가 발표되었다. 그 서명자 명단에서 조정래, 임옥상, 홍성담, 승효상 등 그 자리에 있어서는 안 될 것 같은 이름들을 본다.

이게 요즘 지식인들의 앙가주망이다. 우희종 교수는 민주당에 위성정당을 만들어 바쳤다. 그 당에서조차 도의적이지 않다고 하는 일, 거기 명분이 있을 리 없다. 시인 김정란과 역사학자 전우용은 대구시민을 향해 망언을 퍼부었다. 지역차별에 보편적 가치가 있을 리 없다. 이렇게 다들 '어용'이 되어버렸다. 심지어 '어용지식인'임을 자랑하는 이도 있다. '어용'이 투사의 가슴에 달린 자랑스러운 훈장이 된 것이다. 어쩌다 이 지경이 됐을까.

자기 계급만을 대변하는 지식인들

사회학에서는 지식인을 종종 어느 계급에도 속하지 않는 부유층(浮遊層)으로 분류하곤 한다. 대개 가진 집 출신이라 존재는 지배계급에 속하나 학문과 예술은 객관성과 보편성을 지향하기에 적어도 의식은 제 계급의 특수한 이익에 얽매이지 않기 때문이다. 이렇게 "사회적 부유층의 지위 덕에 존재 구속성을 초월해 사회의 전체 연관에 대한 통찰"을 제공하는 지식인들을, 사회학자 카를 만하임은 사회의 '파수꾼(Wächter)'이라 불렀다.

부유하는 계층으로서 지식인은 자기가 속한 지배층을 위해 일할 수도 있고, 계급을 배반하고 피지배층을 위해 일할 수도 있다. 지식인들은 대개 '테크노크라트'로서 지배체제에 복무하나, 그 일부는 앙가주망을 통해 제 지식을 기꺼이 민중을 위해 사용하려 한다. 정치학자 안토니오 그람시는 전자를 '기능적 지식인', 후자를 '유기적 지식인'이라 불렀다. 흔히 말하는 '지식인'은 이 가운데 후자, 즉 '유기적 지식인'을 말한다.

문제는 이 '유기적 지식인'이 더 이상 존재하기 어려운 상황이 되었다는 데에 있다. 이른바 '포스트모던'의 사조는 진리의 보편성과 객관성에 대한 믿음을 무너뜨렸다. 사회적·정치적 발언의 '준거'가 무너졌으니 지식인의 역할 자체가 사라질 수밖에. 철학자 장 프랑수아 리오타르는 이 상황을 '지식인의 무덤'이라 묘사했다. 오늘날 지식인이 아무리 객관성과 보편성을 주장해도, 그 발언은 간단히 어느 한 '편'의 것으로 매도당하고 만다.

절대적 진리는 사라졌다. 이제 진리는 '발견'되는 게 아니라 '제작'된다. 이에 따라 사회에서 인문적 사유는 점차 공학적 사유에 밀려나고 있다. 매체 철학자 빌렘 플루서에 따르면 디지털 기술은 과거의 역사적·진보적·계몽적 의식을 구조적·계산적·분석적 의식으로 바꾸어놓는다. 이런 시대에 지식인으로서 사회적 발언을 해봐야 그저 잔소리나 늘어놓는 '썹선비', 사회를 제작하는 데에 아무 쓸모도 없는 '입진보'로 여겨질 뿐이다.

세계를 해석하는 것을 넘어 세계를 제작해야 한다는 플루서의 요청은 언뜻 유토피아의 비전처럼 보인다. 하지만 여기서 잊지 말아야 할 것은, 오늘날 세계를 제작하는 데에는 거대한 자본과 권력이 요구된다는 사실이다. 다시 말해 지식인이 세계의 제작에 참여하려면 시장이나 정치와 손을 잡아야 한다는 이야기다. 이 상황은 결국 그나마 사회에 별로 남지 않은 유기적 지식인마저 다시 기능적 지식인으로 되돌려놓고 만다.

실제로 우리 사회에서도 그 일이 일어났다. 시작은 김대중 정권 당시의 '신지식인' 캠페인. 이른바 '지식 기반 경제'에서 지식은 상품이 되고 학문은 경제가 된다. 공학 계열의 학자들은 그러잖아도 오래전부터 자본과 손잡고 이른바 '산학협력'을 실천해왔다. 국민의정부에 이르러 인문사회 계열의 지식인들마저 세계를 만들겠다고 권력과 손을 잡기 시작한다. '비판'을 사명으로 알던 진보적 지식인들이 정부기관에 진출한 것도 그때부터다.

혁명을 외치던 386세대도 돌아보니 그새 용케 다들 교수가 되어 있다. 수도권의 웬만한 대학의 교수는 연봉이 1억이 넘는다고 한다. 한국에서 교수는 기능이 아니라 신분. 그 신분의 유지를 위해 그들은 자기들끼리도 안 읽는 논문을 써가며, 그 자리를 자식에게 물려줄 궁리를 하고 있다. 물론 그들이 누리는 특권은 희생양인 시간강사의 노동에 대한 착취를 통해 유지된다. 이 양들의 희생에 침묵하는 데에는 진보나 보수나 차이가 없다.

이른바 '진보적' 지식인들은 지배층이 되었다. 그들이 조국 일가의 일을 제 문제로 느낀 것은, 같은 상류층으로서 계급적 이해를 공유했기 때문이리라. 물론 이는 보편적 이해를 대변하기 위해 제 계급의 이해를 초월한다는 '지식인'의 상과는 거리가 멀다. 이제 그들은 그저 자기 계급을 대변할 뿐이다. 그새 획득한 권력을 가지고 그들은 이제 세계를 날조한다. 허위와 기만을 재료로 자기들만의 대안적 세계를 제작하느라 바쁘다.

진보의 무덤에 침을 뱉어라

그들은 더 이상 '비판'하지 않는다. 비판해야 할 그 현실을 자신이 만들었기 때문이다. 그들은 학계, 언론계, 문화계 등 사회 전반에 '헤게모니'를 구축하고 그 막강한 영향력으로 대중을 장악해 얼마 남지 않은 희미한 '비판'의 목소리마저 잠재우려 한다. 자기들이 만든 세계의 허구성이 폭로되는 것을 참을 수 없기 때문이다. 그들에게 세계란 '언급'되고 '비판'될 것이 아니라 '제작'되고 무조건 '긍정'되어야 할 어떤 것이다.

전통적 지식인은 멸종했다. 제 계급의 구속성을 초월해 보편적 이해를 대변하는 지식인은 적어도 '계층'으로서는 존재하지 않는다. '이익집단'으로서 진보는 승리했다. 하지만 '가치집단'으로서 진보는 죽었다. 이른바 '진보적' 문인들이 전직 대통령보다 호화로운 변호인단을 거느린 강남 사모님의 석방을 위해 서명운동이나 벌이고 있을 때, 돈 없고 힘없어 죽어간 이들의 목소리를 대변하는 일은 정작 '보수'에 속한 어느 문인이 맡았다.

자칭 '진보'가 권력의 비리를 덮으려 검찰 음모론이나 유포하며 한 패거리가 되어 검찰총장 제거할 궁리나 하고 있을 때, '우익'을 자처하는 소설가 김훈은 혼자서 산업재해로 숨진 노동자들에 대한 관심을 호소하는 글을 써왔다. 원래 지식인의 '앙가주망'은 이런 것이었다. 이 최후의 지식인에게 고마움과 미안함, 그리고 무엇보다 수치심을 느낀다. 저 징그러운 진보의 무덤에 이보다 더 고상하고 우아하게 침을 뱉을 수는 없을 것이다.

박원순의 죽음은 진보 전체의 죽음

"파울 클레의 그림이 있다. 〈앙겔루스 노부스(Angelus Novus)〉라고 하는. 천사 하나가 그려져 있다. 자기가 응시하는 곳으로부터 막 떠나려는 모습으로. 그의 눈은 째졌고, 입은 벌어졌고, 날개는 활짝 펼쳐져 있다. 역사의 천사는 아마 이런 모습이리라. 그의 몸은 과거를 향하고 있다. 거기에서 일련의 사건들이 눈앞에 모습을 드러내고, 그 속에서 그는 단 하나의 파국만을 본다. 폐허 위에 폐허를 쌓으며 그것들을 그의 발 앞에 내던지는 파국을."

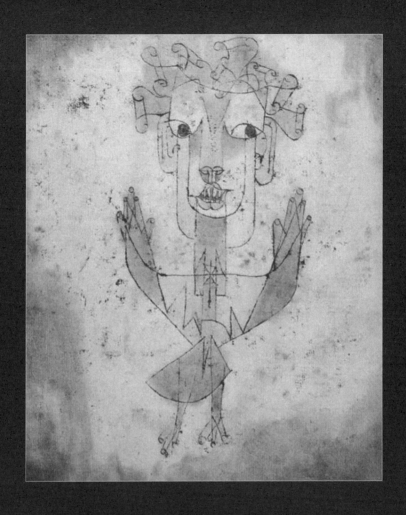

파울 클레의 작품 〈앙겔루스 노부스〉. 천사는 낙원으로 날아가려 하나, 거기서 불어오는 거센 바람이 그를 낙원으로부터 점점 멀어지게 한다. 그 바람이 '진보'라는 것이다.

역사의 천사

비평가 발터 베냐민의 〈역사의 개념에 관하여〉에 나오는 구절이다. 이 글은 1940년 파리에서 작성되었다. 이 글을 쓴 직후 파리가 독일군에 점령당한다. 미국으로 망명하려면 스페인 국경을 넘어야 했지만 유태인이었던 그는 국경에서 입국을 거절당한다. 프랑코 총통하의 스페인은 당시 나치독일과 돈독한 관계를 맺고 있었다. 절망에 빠진 그는 결국 묵고 있던 호텔에서 다량의 아편을 마시고 스스로 목숨을 끊는다.

글에 언급된 그림은 베냐민이 1921년 화가에게서 직접 구입했다고 한다. 그 후 알 수 없는 경로로 친구인 게르숌 숄렘의 손에 넘겨져, 지금은 예루살렘의 이스라엘박물관에 소장되어 있다. 베냐민은 저 천사를 자신과 동일시한 것으로 보인다. 이 그림에 대한 그의 해석에는 역사를 바라보는 그의 멜랑콜리한 시각이 담겨 있다. 글은 이렇게 이어진다.

그는 그 자리에 머물러 죽은 자들을 깨우고 패한 자들을 모으려 한다. 하지만 낙원으로부터 한줄기 폭풍이 불어와 그의 날개에 부딪히고, 그 바람이 너무 강해 그는 날개를 접을 수가 없다. 그 폭풍이 그를 등 뒤의 미래로 날려 보내는 사이에, 그의 눈앞에서 폐허는 하늘을 찌를 듯 높아만 간다. 우리가 '진보'라고 부

제6부 진보의 몰락

르는 것은 바로 이 폭풍이리라.

천사는 낙원으로 날아가려 하나, 거기서 불어오는 거센 바람이 그를 낙원으로부터 점점 멀어지게 한다. 그 거센 바람이 '진보'라는 것이다. 숄렘에 따르면 이 글은 스탈린-히틀러 동맹(독소불가침조약)의 충격과 좌절 속에서 쓰였다고 한다. 자신이 신봉하는 공산주의가 자신이 증오하던 파시즘과 손을 잡았으니 세계가 무너지는 느낌이었으리라. 그 파국을 바라보는 멜랑콜리(우울)가 글에서 그대로 배어난다.

박원순의 여성 되기

요즘 비슷한 심경을 느끼는 이들이 많을 것이다. '진보'라는 이름의 광풍이 우리를 더 나은 세상으로 데려가는 게 아니라 외려 그곳으로부터 멀어지게 한다는 느낌. 제자리에라도 머물고 싶은데 바람이 너무 거세 날개를 접지 못한 채 계속 뒤로 밀려나는 느낌. 사실 20년 전에도 이 주제로 글을 쓴 적이 있다. '진보'가 승리했다는 지금이 외려 그때보다 우리가 가려고 했던 사회로부터 더 멀어진 느낌이다.

역사의 천사는 '진보'라는 바람에 실려 날아가면서 눈앞에 폐허가 산처럼 쌓이는 장면을 목격한다. 우리도 그동안 비슷한 광경을 봐왔다. '진보'의 광풍이 공정과 정의를 무너뜨려 사회를 논리와 윤리의 폐허로 바꾸어놓는 파국의 드라마. 이번에 정말로 거대한 파국을 맞았다. 그 주인공은 내가 그런 일을 할 수 있으리라 생각했던 마지막 사람이었다. 그래서 이 상황은 내게 비현실적이다. 대체 왜 그랬을까.

여성을 위해 그보다 더 헌신적이었던 남자를 나는 알지 못한다. 그는 1980년대 권인숙 성고문 사건의 변론으로 사회에 이름을 알렸다. 1993년에는 성희롱을 당한 우 조교의 무료 변론을 맡아 6년의 긴 소송 끝에 승소를 이끌어냈다. 그 덕에 가벼운 농담으로 치부되던 '성희롱'이 이 사회에 심각한 범죄로 등록될 수 있었다. 2002년에는 우근민 제주지사 성추행 사건의 민간 진상조사위원으로 활동하기도 했다.

2011년 서울시장이 된 후 그는 서울을 "여성행복특별시"로 만들기 위해 친여성적 정책을 폈다. 지금도 성평등 정책에서 서울시는 전국의 지자체들 중 가장 앞섰다고 평가된다. 지난 지방선거에서는 캠프를 "성평등 선거캠프"로 꾸렸다. 시청 안에는 성희롱·성폭력 문제를 담당하는 부서를 설치했다. 그는 《82년생 김지영》을 읽으며 눈물을 흘렸고, "저는 사실 여성"이라고 수줍은 고백을 하기도 했다.

죽음을 비판하기

성폭력 피해 여성을 지켜주는 인권변호사, 참여연대를 설립하고 주도한 시민운동가, 혁신적 정책을 입안하고 실행한 행정가로서 그가 남긴 업적은 이루 헤아릴 수 없을 정도다. 최장수 서울시장임에도 불구하고 남긴 것이라곤 빚밖에 없을 정도로 청렴한 삶을 살았다. 그래서 내게 그는 운동의 헌신성의 상징이자 진보의 순수성의 증명이었다. 그래서 그의 몰락이 내게는 한 사람의 죽음이 아니라 진보 전체의 죽음으로 느껴진다.

'페미니스트'를 자처하던 이가 하필 성추행 혐의로 고소당했다. 공들여 써온 삶의 서사가 일거에 무너진 것이다. 그는 대체 어떤 인물이었을까. 겉과 속이 다른 위선자? 아니면 성추행을 성추행으로 인지하지 못한 어리석은 사람? 알 수 없다. 하지만 한 가지는 분명하다. 즉 그의 한계가 그의 개인적 한계만은 아니라는 것이다. 그의 위선은 우리 세대의 위선이고, 그의 어리석음은 곧 우리 세대의 어리석음이다.

그동안 우리는 '진보'를 표방해온 한 세대의 위선과 어리석음이 이 사회를 폐허로 만드는 과정을 지켜봐왔다. 나 또한 그 세대에 속하기에 그들의 위선에서 나 자신의 위선을 보았고, 그들의 어리석음이 또한 나 자신의 어리석음을 깨닫게 했다. 그를 보내는 것은 그와 우리가 공유하는 이 위선과 어리석음을 떠나보내는 과정이어야 했다. 그리고 그가 실패한 곳에서 새롭게 거듭나는 과정이어야 했다.

그러려면 그의 죽음마저 비판했어야 한다. 그의 자살은 피해자에게 또 다른 고통을 안겨주었다. 유서에서도 정작 사과를 받아야 할 이에게는 사과의 말을 남기지 않았다. 그의 큰 삶에 비해 보잘것없는 삶을 살아온 우리는 그의 위선과 어리석음을 우리 것으로 끌어안고 그와 함께 비난을 받았어야 한다. 아울러 그의 무책임에 책임을 지기 위해 그가 버려두고 떠난 피해자를 지켜줬어야 했다.

피해자 지우기

하지만 진보는 그렇게 하지 않았다. 외려 그에게 성대한 장례를 치러주었다. 피해자는 "50만 명이 넘는 국민들의 호소에도 바뀌지 않는 현실" 앞에서 좌절감을 느꼈다고 했다. 여기서 50만은 '서울시장(葬) 반대 국민청원'에 서명한 이들의 숫자다. 성추행으로 고통받고 가해자의 죽음으로 다시 고통을 받아야 했던 피해자. 저 성대한 장례식으로 인해 그는 또 다른 고통을 겪어야 했다. 우리에게 그럴 권리가 있었던가.

장례를 우아하게 치르기 위해 민주당 이해찬 대표는 '피해자'

를 '피해호소여성'으로 바꿔 불렀다. 이 해괴한 표현을 정의당 심상정 대표가 이어받았다. 마지못해 낸 민주당 여성 의원들의 성명에도 같은 표현이 등장한다. 그들 중에는 '여성운동의 대모'라 불리는 이도 포함되어 있다. '피해자'가 사라지면 '가해자'도 사라진다. 실제로 있었던 성추행은 사실의 영역을 떠나 미지의 영역으로 실종된다.

박원순을 위해 성추행 피해자의 지위는 '피해호소여성'으로 변경되었다. '피해호소여성'이라는 표현은 곧 '나는 너의 말을 믿지 않겠다'는 결연한 집단적 의지의 표명이다. '성추행은 너의 주관적 주장일 뿐 아직 사실로 확인된 게 아니다. 우리가 사실로 인정하는 것은 그저 네가 성추행 피해를 호소하고 다닌다는 것뿐이다.' 대체 우리가 언제부터 성추행 피해자를 '피해호소여성'이라 불렀던가.

박 시장은 늘 피해자의 말에 귀를 기울이라고 말하곤 했다. "성희롱이냐, 아니냐의 판단은 피해자 관점에서 봐야 한다." '피해자중심주의'의 원칙을 세우는 데에 결정적 역할을 한 것도 그였다. 1993년 우 조교 사건 재판 때 그는 법정에서 '피해자'가 느끼는 수치심을 성희롱의 기준으로 관철했다. 그렇게 그가 애써 세워놓은 원칙을 그들은 그를 위해 무너뜨렸다. 그로써 그가 이 세상에 다녀간 흔적마저 지워졌다.

거대한 폐허 완벽한 파국

그들이 치러준 성대한 장례식이 그에게는 또 다른 죽음이었다. 그를 위한답시고 그의 지지자들은 그가 평생에 걸쳐 없애려했던 그 짓을 골라서 하고 있다. 성추행 폭로자의 배후를 의심하고, 피해자를 꽃뱀으로 매도하며, 열심히 피해자와 그 주변의 신상을 캔다. 이를 위해 날조와 조작도 서슴지 않는다. 그가 쌓아온 업적을 그의 지지자들이 무너뜨린다. 이보다 더 완벽하게 그를 죽일 수 있을까.

도대체 '진보'를 자처하는 이들이 저 숭고한 사명감으로 얼마나 좋은 세상을 만들려고 저러는지는 모르겠다. 내가 아는 것은, 우리가 세우려는 이상세계는 그것을 만드는 과정에 이미 구현되어야 한다는 것뿐이다. 거꾸로 저들이 보여주는 저 광적인 열정속에서 우리는 그들이 구축하게 될 세상의 모습을 미리 엿볼 수 있다. 그들이 짓는 아방궁에서 나는 그저 거대한 폐허, 완벽한 파국만을 볼 뿐이다.

그림으로 돌아가자. 천사의 머리는 몸통과 날개를 합친 것보다 크다. 세상을 움직일 힘이 없이 머리만 비정상적으로 자란 지식인의 상징이다. 그가 할 수 있는 일이라고는 '진보'라는 광풍에 떠밀려 날아가며 눈앞에 펼쳐지는 파국을 놀라서 벌어진 입으로 그저 응시하는 것뿐이다. 베냐민은 아직 메시아라도 기대할 수 있었지만, 이 빌어먹을 시대는 우리에게 메시아의 희망마저 허용하지 않는다.

진보는
어떻게
몰락하는가

지은이   진중권

             2020년 11월 11일   초판 1쇄 발행
             2020년 11월 25일   초판 4쇄 발행

책임편집   남미은
기획편집   선완규
디자인   포페이퍼

펴낸곳   천년의상상
등록   2012년 2월 14일 제2020-000078호
전화   031-8004-0272
이메일   imagine1000@naver.com
블로그   blog.naver.com/imagine1000

             © 진중권 2020

ISBN   979-11-90413-17-6 03300

이 도서의 국립중앙도서관 출판예정도서목록(CIP)은 서지정보유통지원시스템 홈페이지
(http://seoji.nl.go.kr)와 국가자료종합목록 구축시스템(http://kolis-net.nl.go.kr)에서
이용하실 수 있습니다. (CIP제어번호 : CIP2020046281)